城市智慧创新国际联合研究丛书

丛书主编：关成华

北京师范大学城市绿色发展科技战略研究北京市重点实验室

FRONTIERS OF FINANCIAL TECHNOLOGY

Expeditions in future commerce, from blockchain and digital banking to prediction markets and beyond

金融科技前沿

全球数字化变革的探索之旅

[美] 大卫·舍瑞尔 阿莱克斯·彭特兰 编著

涂勤 彭玉珏 译

中国财经出版传媒集团

经济科学出版社

Economic Science Press

图书在版编目（CIP）数据

金融科技前沿：全球数字化变革的探索之旅/
（美）大卫·舍瑞尔，（美）阿莱克斯·彭特兰编著；
涂勤，彭玉珏译．—北京：经济科学出版社，2018.10
　ISBN 978 - 7 - 5141 - 9824 - 9

　Ⅰ.①金…　Ⅱ.①大…②阿…③涂…④彭…
Ⅲ.①金融 - 科学技术 - 研究　Ⅳ.①F830

中国版本图书馆 CIP 数据核字（2018）第 234926 号
图字 01 - 2018 - 6530

责任编辑：周秀霞
责任校对：杨　海
责任印制：李　鹏

金融科技前沿：

全球数字化变革的探索之旅

［美］大卫·舍瑞尔　阿莱克斯·彭特兰　编著

涂　勤　彭玉珏　译

经济科学出版社出版、发行　新华书店经销

社址：北京市海淀区阜成路甲 28 号　邮编：100142

总编部电话：010 - 88191217　发行部电话：010 - 88191522

网址：www. esp. com. cn

电子邮件：esp@ esp. com. cn

天猫网店：经济科学出版社旗舰店

网址：http：//jjkxcbs. tmall. com

北京季蜂印刷有限公司印装

710 × 1000　16 开　12.75 印张　180000 字

2018 年 11 月第 1 版　2018 年 11 月第 1 次印刷

ISBN 978 - 7 - 5141 - 9824 - 9　定价：42.00 元

（图书出现印装问题，本社负责调换。电话：010 - 88191510）

（版权所有　侵权必究　打击盗版　举报热线：010 - 88191661

QQ：2242791300　营销中心电话：010 - 88191537

电子邮箱：dbts@ esp. com. cn）

金融科技前沿：

全球数字化变革的探索之旅

Frontiers of Financial Technology：

Expeditions in future commerce，from blockchain and

digital banking to prediction markets and beyond

VISIONARY FUTURE

www. VisionaryFuture. com

本书的部分内容先前发表在白皮书系列，经作者同意转载

编著者

[美] 大卫·舍瑞尔　阿莱克斯·彭特兰

致谢

感谢我们的妻子，她们放弃了多个
周六、周日让本书得以完成。

城市智慧创新国际联合研究丛书

主　　　编　关成华

学 术 顾 问　阿莱克斯·彭特兰　李晓西　郭　为
　　　　　　　韩国义　张建平

编　　　委　陈　浩　涂　勤　张江雪　宋　涛
　　　　　　　郑艳婷　肖　尧　施发启　赵　峥
　　　　　　　崔　琦　彭玉珏　张佑辉

单　　　位　北京师范大学
　　　　　　　城市绿色发展科技战略研究北京市重点实验室

目录

引言 ·· 1

第 1 章　区块链：网络化创新的第五个层面 ························· 3

第 2 章　区块链与交易、市场与商业活动 ························· 23

第 3 章　区块链与基础设施（身份和数据安全） ············· 39

第 4 章　移动货币与移动支付 ································· 55

第 5 章　预测市场 ··· 77

第 6 章　数字银行的宣言 ··································· 93

第 7 章　政策与金融科技

　　　　——监管机构眼中的金融创新与金融创新者眼中的监管 ··············· 111

第 8 章　未来发展方向

　　　　——迈向可信数据的互联网 ··································· 155

参考文献与注释 ··· 161

作者简介 ··· 189

引言

起初，我们并没有打算写这本书。

作为麻省理工学院未来商务课程的一部分，我们开始着手撰写后来成为一系列前沿话题的白皮书。通过在达沃斯与金融科技、数据、身份等方面专家的对话，与"硅谷执行官网络"（Silicon Valley Executive Network）以及麻省理工学院未来商务课程内部的讨论，我们与商界、政府和学术界共同探索，寻求用最佳的方式来描述区块链等创新技术的潜在影响。来自美国财政部金融研究办公室的马特·里德（Matt Reed）、马克·弗勒德（Mark Flood）和奥利弗·古迪纳夫（Oliver Goodenough）是我们智力之旅中很好的合作者。最终，我们发现，无论是对于区块链的"杀手级应用"，还是对于数字银行革命的终极演变，我们都有着独特的见解。

在我们编写系列白皮书的时候，我们也为麻省理工学院的未来商务课程做准备，计划用这门课程为学生搭建从校园到线上的金融科技创业之桥。最终，课程项目的启动包括了70个国家的1000多名学生。我们很快就意识到，没有一本适合的教科书可以用来向具有一般商业背景的学生介绍席卷金融服务业的模式转变。

因此，我们便编写了你们手头的这本书。

我们认识到，新兴领域的"最先进水平"是不断发展、不断变化的，所以我们鼓励大家提供反馈意见。

现在，请与我们一起探索金融技术的前沿领域吧！

第1章　区块链：网络化创新的第五个层面

大卫·舍瑞尔

德文·夏尔马

阿莱克斯·彭特兰

1.1 导言：网络化创新的第五个层面

怎样才能利用区块链引入全球金融体系所带来的冲击？区块链这一新技术所代表的风险和机遇是什么？政府、学术界、私营企业在打造区块链技术的新未来的过程中又能发挥什么作用呢？

虽然目前区块链还是一项不成熟的技术，但它具有可能在多个行业（包括金融服务业）中引发一轮创新浪潮的潜力。就像我们看到由早期技术推动的变革，如开启万维网的 HTTP 协议，以及普及计算和智能的设备兴起，即所谓的"物联网"。同样，区块链很可能会催生本书作者做梦也未曾想到过的新型业务和应用（见图 1.1）。

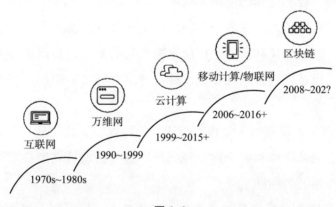

图 1.1

区块链：2016 年的热门话题

区块链技术已经成为《财富》1000 强公司首席执行官的首要战略关注点[1]。2015 年，该领域的风险投资已增至 10 亿美元，占所有金融科技风投资金的 7%。有些人预测，2016 年的区块链投资将增长到 100 亿美元[2]。

变革的潜力

区块链代表了一项技术创新，它使各参与方能够在新型、可信和安全的网络上进行透明的交互，这种网络能分发经过认证的、可审计的数据访问权限。尽管其技术要素已经存在了几十年了，但区块链本身是一种设计新颖、适应力强的通用方法，适用于数据、网络和交易分析。它具有解决效率低下、降低成本、释放资本、提高社会信任度，并开创新业务模式等多方面的潜力。区块链还可能会加速非正式经济（informal economy）的增长，甚至可能会助长社会中的犯罪要素，使政府为其公民提供安全保障的努力变得更加复杂。同任何新技术一样，区块链是一把双刃剑，既有非凡潜力，也可能造成损害。区块链用户可以从开明的、知情的、合乎道德的应用中获益。

区块链激发了人们对金融市场的广泛兴趣和高涨热情。为什么？对承诺履行义务的信任和信心是任何金融交易的基石。金融市场的主要部分被设计成通过风险管理的基础设施，解决金融交易中的信任和信息不对称问题。

• 金融基础设施的大量成本用于身份检查、交易认证、可靠准确地进行交易、记录支持和安全地存储记录。这些活动旨在解决与信任、欺诈和错误等相关的问题。

• 大量资本和抵押品被锁定在金融体系中，用以缓解对结果的确定性和可预测性的不信任和缺乏信心。

• 风险管理基础设施的成本负担使得小规模交易变得昂贵没有经济性，且难以负担，因此，低收入社会成员是难以使用这些基础设施的。

区块链技术有可能解决信任缺失、信息不对称及小规模交易的经济性等问题，而无须烦琐的风险管理基础设施和中央仲裁机制。

金融服务的机会

在金融服务领域，区块链应用的例子有：

- 精简股权转让记录；
- 通过实现直接银团贷款的可能性，提高银团贷款的速度并降低贷款成本；
- 提高许多金融交易中抵押品的透明度；
- 通过自动化的即时记录验证，加强管理和与规范一致性；
- 减少汇款和货币兑换的成本；
- 创建自我执行的合约，以减少或消除欺诈、腐败的可能性；
- 完善关于财产所有权转让的法律规定；
- 消除证券（如股票和债券）发行和交易过程中的大部分成本和摩擦；
- 让"自我保险的风险池"（self-insured risk pools）更容易实施，从而降低成本并改善保险市场的准入；
- 允许创建与中央发行机构相分离的新的身份形式；
- 在对中央权力机构失去信任的体系中，提供价值交换的手段。

除了金融服务领域的银行业，区块链对保险业的积极影响也是巨大的：高效的交易处理、日益减少的欺诈现象和更准确的风险评估。

我们看到区块链货币被用于将价值从一些市场中转移出来，这些市场的货币监管严格且人们对中央银行的信任较弱。随着这类活动的程度增强，监管部门无疑将会对这些活动采取更加严厉的态度。然而，就像那些试图限制使用推特的政府所发现的，一旦魔鬼离开了瓶子，就很难再收回它了。

正在追求的新模式的范围从"分布式信任"（distributed trust）结构到经许可的、私有的、可信任的系统。前者让人们有可能使用完全针对所有公众公开的、匿名的加密数字货币，如比特币；后者涵盖的系统包括一些投资公司正在实施的系统，这些系统可以充当更快、更低成本的结算和清算交易手段。

注意事项

我们目前正处于区块链技术市场演进的发明/实验阶段。今天，我们无法预测哪个应用将成为"杀手级应用"。但有人猜测，单凭区块链，金融服务行业就可以节约成本多达 150 亿至 200 亿美元[4]；在当前市场倍数下，相当于超过 1500 亿美元的潜在股权价值。这些主要是通过提高效率（减少工作岗位）来实现的。解锁抵押品、释放更大流动性也可能带来可观的收益。

技术采用面临的障碍

区块链这项新技术的采用仍然面临着许多障碍。就像采用任何新工具一样，人和组织机构的态度就构成了很大的障碍，其中包括：

- **标准**：在实践和文件编制方面缺乏广泛采用的标准。例如，每个机构开出的发票和账单的格式都彼此不同，然而不同的格式增加的价值非常有限。标准可以由具体的行业制定，也可以由政府牵头制定。
- **组织行为和人的行为**：接受和采用统一的标准和实践的行为是难以实现的。
- **基础设施遗留问题**：鉴于现在任何组织机构内都有着大量的基础设施，用新兴的区块链技术取代现有技术，其投资成本非常高昂。
- **保密**：保护私人和机密信息的同时包含竞争优势。
- **处理成本**：证明核查的成本很高，且在不断上涨。
- **法律和监管**：

    清算终结和纠纷解决——消费者的风险保护；

    引入新的金融基础设施有可能带来安全风险和相关损失；

防范被少数参与者进行攻击或恶意控制的风险，这可能会阻止参与者链接"链下资产"（off-chain assets），以及反垄断法规和其影响所带来的风险；

实施：交易核查的优先顺序；

资产、数据位置和流动的管理和法律的分类司法管辖权，以及现行法规如何应用。

即将到来的混乱

20 世纪 80 年代，数字媒体的兴起极大地冲击了传统报业，最终重塑了全球媒体的格局。在《赫芬顿邮报》和推特盛行的时代，文案编辑、印刷机操作工、报纸分发代理，甚至是挣工资的记者，全都成了多余的人。我们看到金融服务、供应链、物流等行业，有出现类似程度混乱的可能性。麻省理工学院最近成立了一家初创公司。这家公司由未来金融科技创新商务班的学生组建。该公司建议去除贫穷农民与全球农业综合企业供应商之间三到五层的中间商。这个建议对农民和供应商都有好处，但最终可能因为"单一交易流"（single transaction stream）而导致在中间商间失去 5 ~ 25 个工作岗位。

说服人们采用区块链技术的努力，可能会导致对"波将金村"（Potemkin village）解决方案的追求。该方案不产生有形收益，或者带来产生不利结果的益处（例如产生额外的成本）。在其他行业中有一些技术失败的例子。努力说服人们采用区块链技术可能会导致对"波将金村"解决方案的追求，而没有实际的效益，例如产生额外成本。例如，电子病历（EMRs）曾被誉为将改善人类健康水平的一场医学革命，但 2009 年欧盟委员会在 10 个国家进行的一项研究表明，本质上说，其好处主要体现在财政方面[5]。一家排名在前 3 名的电子病历公司的首席医疗官曾告诉本书作者，电子病历是针对财务报告而非临床护理进行优化的，从来不是为了改善患者的健康状况，这在很大程度上是因为技术的"买方"是医疗服务机构的首席财务官。这种做法为更加方便用户使用的电子病历创造了市场机会，但采用最广泛的电子病历是围绕计费改进而不是医疗质量而建立的。人们可能会有这样的争论：电子病历的这个特点促使美国的医疗费用持续上升，2015 年医疗费用占到 GDP 的 17%[6]。

面对区块链发展的潜力和可能带来的危险，我们不禁要问：

- 政策干预如何在促进社会生产力的方向上塑造区块链的未来？
- 提高金融服务业的生产率可能导致该行业就业规模显著缩小，有什么办法可以有效地管理生产力提升？
- 我们可以采取哪些措施来减轻因为技术创新而导致的就业错位？

要回答这些问题，我们需要了解区块链的演变历史，并且为以后类似的技术革命或技术演变得出结论。

区块链技术的起源

自 2008 年 10 月比特币协议发布以来，现有技术的存在环境已经有了一段时间的发展。我们注意到，第一批区块链应用程序是由于人们对传统机构的信任受到破坏而出现的。八年过去了，全球超过 60% 的金融系统已加入一个联盟，使用区块链来降低他们的商业成本并提高业务效率。我们是否已经从"现在进行技术革命"阶段走到了"流程再造"阶段？

2014 年夏天，麻省理工学院主办了"数字资产生态峰会"（Ecology of Digital Assets Summit），在与美国政府官员的非正式磋商中，20 多家比特币和区块链公司制定并采用了 Windhover 原则，旨在促进大家遵从"反洗钱"（anti-money-laundering，AML）和"了解你的客户"（know your customer，KYC）[7]。在麻省理工学院，我们开发了几个新的开源技术解决方案，如用于安全数据管理的 Enigma[8] 和用于解决与加密数字货币 AML/KYC 等问题的 CoreID[9]，但我们才刚刚开始意识到有必要开发这些解决方案，目前还谈不上采用这些解决方案。在金融科技初创企业和监管机构的内部，对合规性解决方案的理解和采用仍然很薄弱。

2016 年 1 月，在达沃斯与各国领导人进行的对话中，我们得知越来越多的人对区块链技术的最高管理层感兴趣，认为区块链是金融服务业转型的工具。这一主题在 2016 年持续发热，顶级的金融机构不仅为外部实验提供资金援助，还成立了内部的"臭鼬工厂"，以支持区块链应用的发展。各国政府也已开始探讨区块链如何解决棘手的信任缺失和透明度不佳的问题。然而，围绕区块链的技术、商业模式及采用、监管和法律框架等，仍处于发展的初级阶段。

根据世界经济论坛关于技术临界点的调查，58% 的受访者预计，到 2025 年，全球 GDP 的 10% 将"存储"在各种各样的区块链中，大大高于 2016 年 3 月的 0.008% 。

新技术的演变

我们正处于区块链技术的早期阶段（"发明/试验阶段"）（见图 1.2）。同其他新技术一样，区块链正在经历发明和试验阶段。在建立金融交易的信任、透明度和可追踪性方面，区块链堪称是一项革命性的创新。创新可以是将各技术组件有机地整合在一起的概念和方法，并不一定是技术上的魔力高招。

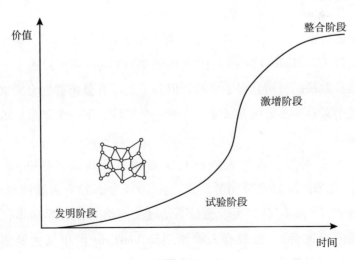

图 1.2

就像 ARPANET 创造了互联网（Internet），并最终发展成为万维网（World Wide Web）一样，我们也有早期的先驱，如 SETI@HOME 和亚马逊土耳其机器人（Amazon Mechanical Turk），它们引领了分布式网络、外包的分布式计算和任务的兴起。尽管这些新技术的兴起令人兴奋，但该行业大量的风险投资正在资助众多以不成熟技术为基础的公司。

如果我们探究一下网络化创新的演变，那么在 20 世纪 70 年代和 80 年代就会看到互联网的发展，即我们范式的"第一层面"（the first horizon）。从 1990 年开始，蒂姆·伯纳斯－李爵士（Sir Tim Berners－Lee）等人推动创建直观的导航和信息交叉连接，使万维网这个"第二层面"（the second horizon）的技术应用成为可能。虽然"云计算"起源于其他技术，但我们认为，1999 年 Salesforce.com 网站的形成是标志网络化创新进入"第三层面"（the third horizon）的一个关键里程碑[10]。"拜占庭容错"（Byzantine Fault Tolerance）对区块链的理论基础至关重要，围绕它的一个著名算法的发表，以及像 SETI@Home（用来预计区块链的分布式节点）等项目的启动，均发生在 1999 年。随着带宽成本的降低以及智能手机、智能设备的大量普及，我们把"第四层面"（the fourth horizon）追溯到 2006 年移动宽带服务的推出。中本聪（Satoshi）2008 年 10 月的一篇论文开启了"第五层面"（the fifth horizon）将我们带进了区块链。

区块链行业的现状让作者想起万维网商业化的早期情形，该情形在迈克尔·沃尔夫（Michael Wolff）的《燃烧率》（*Burn Rate*）一书中有所记录。虽然有大量的公司获得了资助，但并不是所有公司都拥有完善的业务模式，其中只有一些公司有可能成为下一个谷歌、下一个苹果，或者下一个 Facebook。

1993 年的时候，没有人能够真实地预见到优步（Uber）、爱彼迎（Airbnb）或 ZipCar 这类公司的出现。在 2001 年，没有人能预测到 Facebook 的成功（Square 是"大学会员驱动社交网络"的较早版本，是网络泡沫破灭的受害者），也没有人能预测到 YouTube 的市场主导地位，当时，由于带宽限制和其他一些问题，使得如 Broadcast.com 和 TheFeedroom 这样的公司比 YouTube 更适度的解决方案。而到了今天，在 2016 年，我们只能大致勾勒区块链的"杀手级应用"将会是什么样子。近期的未来则稍微更明朗一些，因此我们将把大部分讨论集中在未来五年区块链创新和金融服务的发展前景上。

行动呼吁

在与业内人士、学术界和政策制定者的讨论时，作者发现，人们对区块链知之甚少，对该技术可能产生的危险及其带来的好处理解程度不高，尚未认识到该技术可能产生的危险和可能带来的好处。我们观察到，人们对区块链有一般的了解，但对它的理解则是千差万别。

麻省理工学院的"连接科学与工程"（Connection Science & Engineering）项目团队认识到了战略清晰和框架解决方案的必要性，力求为区块链革命提供环境，向监管机构和立法者提出有关政策问题，并为区块链创新者提供灵感。

麻省理工学院经常被称为是一个"发明未来"的地方，我们的使命是解决人类面临的最大的问题。从制度的角度上，我们认为，如果以负责任的、符合道德标准的框架为指导，创新可以成为推动变革的积极力量。尽管我们在报告中表达了谨慎的看法，但我们相信区块链技术可为社会带来物质利益，并为潜力领域的那些我们感到有希望的应用提供指导。

我们邀请大家进入创新的第五层面，并帮助我们创造区块链的未来。

1.2　区块链如何工作

区块链及其属性

区块链是一个带有开放式分类账的分布式数据库。一般来说，这意味着数据不会存储在单台计算机上，而是存储在点对点（peer-to-peer，

P2P）网络中的许多不同计算机（称为"节点"）上。这代表了金融服务激进的范式转变。区块链的民主化原则激发了金融市场的想象力：

- 与集中式数据库的情况不同，区块链参与者能使用、更新和验证分布式数据账。
- 参与者执行的身份验证和认证。
- 逻辑和规则嵌入在交易中，而不是嵌入在单独的应用层中。
- 各种变更能被追溯至源头。
- 文档与分类账分开维护。

集中式账簿（Centralized Ledgers）

图 1.3　集中式

传统的集中式账簿系统，如中央银行用来管理主权货币的系统，有一个中央账簿，用于记录货币交易。信托集中在一个单一的实体中，它的任务是管理控制货币的销售、购买和转移。集中式账簿具有组织结构简单、通过单一记录点进行控制、维护成本较低等优点。缺点包括对可扩展性的限制、黑客攻击和其他安全问题的可能性，以及如果中央机构关闭或决定单方面更改记录，则个人对此无能为力的风险（缺少法律追索权）。

分散式账簿（Decentralized Ledgers，或称"去中心化账簿"）

图 1.4　分散式

在分散式账簿中，账簿有多个副本，上面记载着谁拥有什么。我去找我的汇款代理人，我把现金交给他。代理人在他们的系统里记录了这一点。他联系国外的另一个经纪人，该经纪人把我的美元兑换成他们的比索或欧元，并将交易记录在他们的系统中。然后，这两个代理人再核对账目。账簿有多个副本，这些副本通过"受信任的各方"（trusted parties）达成协议。

这种系统有一些冗余的好处，但仍将控制权置于少数人的手中，给账目核对带来挑战。

分布式账簿（Distributed Ledgers）

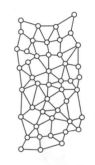

对于分布式账簿，每个节点都有一个账簿的副本。一个共识投票系统，其中超过50%的节点需要就交易达成一致来实现它，使得适当设计的节点网络非常难以破解。

相对于其他系统，分布式账簿的优点是：

图1.5　分布式

- 可复原性。

- 安全。

- 创造信任。

区块链之所以称为"链"，是因为有一个被称为"创世区块"（Genesis Block）的初始区块来启动这条链。当您想要完成某项交易，比如，把比特币或其他加密数字货币出售给其他人时：

- 区块链软件发出请求，要求分布式网络中的节点执行计算，创建一个"哈希"（hash），或对交易细节进行编码，为以后的验证做准备。

- 选择一个随机数的动作被称为"挖矿"（mining），该随机数的散列结果将导致相对于目标链值（target chain value）的期望值。

- 新区块反向链接前一个区块，从而创建了一条链，在本例中，前一个区块是创世区块。随着每一个新区块被开采出来，链就会延长。

- 所进行的计算就是所谓的"工作证明"（proof of work），是用于验证向链中添加区块的有效性，并允许通过在整个网络创建信任系统来防御不良行为者，而不需要信任网络上的每一方（或每一节点）。

金融科技前沿

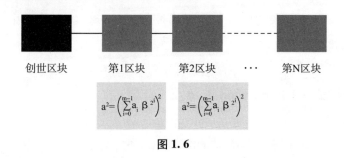

创世区块   第1区块   第2区块 ··· 第N区块

$$a^2=\left(\sum_{i=0}^{m-1}a_i\ \beta^{2^i}\right)^2 \qquad a^2=\left(\sum_{i=0}^{m-1}a_i\ \beta^{2^i}\right)^2$$

图 1.6

让我们来看看比特币区块链是如何工作的（摘自《经济学人》）：

> 每隔十分钟左右，采矿计算机就会收集几百个正在进行的比特币交易（一个"区块"），并将它们变成一个数学难题。第一个找到解决方案的矿工将其公布给网络上的其他人。然后其他矿工检查资金发送人是否有权花这笔钱，以及解决这个难题的答案是否正确。如果他们中有足够多的人批准，这个区块将被加密并添加到账簿中，矿工们继续处理下一组交易（因此称为"区块链"）。找到解决方案的矿工获得了25个比特币作为奖励，但是只有在另外99个区块被添加到账簿中之后才能实现。所有这些都为矿工提供了参与系统和验证交易的动力。强迫矿工解决数学难题并将答案添加到账簿上，这种做法加强了保护：数字银行的劫匪要想将一个比特币花两次，他们必须重写区块链，要做到这一点，他们必须控制网络里一半以上的解题能力。[11]

非常有趣的是，虽然"工作证明"曾经是区块链理论的核心，但它已经（至少在比特币的情况下）成为一种负担。一些业内高管认为，比特币区块链每年花费6亿美元，用于证明目前大部分由亚洲的三家"比特币服务器农场"（bitcoin server farms）进行的工作[12]。

然而，区块链也不是无所不能的灵丹妙药。比特币实验中内置的人为限制意味着它将永远不会作为广泛使用的货币，尽管事实上截至2016

年 8 月，其价值约为 90 亿美元。其他形式的区块链可能会获得更广泛的采用。此外，比特币区块链的许多早期用户都参与了非法商业活动，并且试图避免政府审查。作者注意到，其他边缘市场在成为主流之前已经开发并采用了新技术，例如，流媒体视频或小额支付等。

比特币的开采涉及非常复杂的计算，所以开采工作已经变得十分昂贵（在能源方面）。目前，大量的开采能力已经集中在少数人手中，这就带来了欺骗网络的风险，有悖于分布式网络的初衷。这可能会促进新型加密数字货币的采用，但也可能削弱公众对消费者和企业采用数字货币模式的信心。

目前，每个区块最多只允许有 1MB 数据，这就限制了比特币区块链的可扩展性，这样会在某种程度上削减可在任何 10 分钟内确认的交易数量。比特币开发人员一直未能就如何改变协议以解决区块大小限制这一问题达成共识。一方开发人员担心，较大的区块需要矿工维护更多的数据存储，这可能有利于形成更加集中的产业化比特币采矿市场结构。来自 Blockstream 公司的彼得·威利（Pieter Wuille）提出了一种被称为"隔离见证"（segregated witness）的方法，以减少每个交易所需的数据量，从而允许更多的交易信息记载在区块中。另一方开发人员，包括"闪电网络"的约瑟夫·潘（Joseph Poon）和萨德乌斯·德里亚斯（Thaddeus Dryjas）等人，提出了在把数据聚合到比特币区块中的单个条目之前在"链下"（off chain）处理交易的方法。目前还不清楚这两种解决方案中，哪种能有效或充分允许比特币交易比率持续扩大。

其他形式的区块链正在越来越多地得到采用，其中的一个例子就是"以太坊"（Ethereum）。以太坊为智能合约创建了平台。不同于需要具备大量的专业知识才能学习如何编程的比特币区块链，在以太坊中，开发人员运用 Solidity 编程语言在几天或几周内就能开始构建应用程序。行业的老牌企业例如微软，已开始支持以太坊。微软公司于 2016 年 3 月与 ConsenSys 合作，向 Visual Studio 中增加了对以太坊应用程序的支持。然而，与比特币一样，以太坊系统也存在问题。

区块链的"思想—技术"探索

大多数区块链分类法专注于功能架构（区块链是要被许可的还是无须许可的链？是公有链还是私有链?)。某知名交流网站一位网友 ArthurB 说过："如果不是为了试图逃避难于忍受的压制性政府，那么这些应用就只有很少或没有理由使用分散式系统"，尽管已经有人指出他的这一陈述并非完全正确，我们仍认为 ArthurB（https：//medium. com/@ arthurb/a - functional - nomenclature - of - cryptographic - ledgers - e836cb0e6864#.4e3pr7g4u）提出的分类法很有用。在缺乏对第三方绝对信任的情况下，人们需要"能增进信任的技术"（trust technologies），这样的实例不胜枚举，这与政府一点儿关系也没有。如在 eBay 上出售商品是最微不足道的例子，但股票证券交易就不是小事了。

我们认为，要了解区块链的实施，就需要理解实施者、用户及其他们各自的目标。这种基于内容的区块链分析为选择平台和分配资源提供了一种新的视角。概括地说，当我们把思想观念融入技术分析时，我们看到了三大类人：

- **自由主义者**：相当数量的比特币爱好者认为，政府在规范社会中没有任何作用，比特币的使用是在表达政治信仰。在自由主义者的信仰体系，反洗钱（AML)/了解你的客户（KYC）是令人深恶痛绝的。这并不是说所有比特币用户和公司都这样认为。相反，很多比特币公司都是根据麻省理工学院所倡导的"Windhover 原则"来采用或制定政策的。比特币矿工和开发人员中的一部分人宣称对比特币技术拥有所有权，并强烈反对任何有损于他们对比特币理想化使用的看法。Reddit 网站上最近的一个帖子说："如果你没有努力让比特币变得更好（解读为：更私有、更易替代、更具可扩展性），那么你就应该把你肮脏的、谄媚的爪子从它身上拿开。"[13]虽然这一观点非常强烈，但确实得到了一些用户的赞同，这些用户经常相互交流、自我强化。

- **技术官僚**：广大的中层技术官僚既不拥护绝对的政府监管，也不拥护不受任何监管的绝对自由，而是把区块链视为一种没有意识形态的灵活技术。以太坊显然属于这一类。

- **规则追随者**：R3 和 Hyperledger 等行业领先的企业联盟，会先验地接受那些适用于区块链的规则，尤其是针对 AML/KYC 的规定，因为它适用于货币和其他与金融相关的事宜。尽管这些规则追随者可能不像自由主义者那样热衷于支持他们自己的观点，但他们正在将意识形态的选择嵌入到他们所选定的技术平台的结构中。Corda 在技术上并不使用"区块"这个概念，但为了方便起见，我们将所有的分布式账簿技术都描述为区块链[14]。

大规模较为长期使用区块链的人可能是技术官僚或规则追随者。与此同时，自由主义者感受到的激情使他们思考"跳出条框"并质疑假设，从而产生了一种透明、开放和分散化的新型交易方式。然而事实上，这样的区块链是不会与激情澎湃的自由主义者共存的，尽管这些自由主义者推动着区块链的创建和采用。

让区块链遍地开花

随着区块链投资的激增，区块链的数量也出现了快速增长，并且，人们对互操作性的需求也随之而来。人们开始采用 InterLedger 协议，旨在将快速扩散的区块链背后的公司、个人和技术彼此联系起来[15]。面对区块链的激增，Ripple 等业内企业正在寻求提供更好的机制来将区块链彼此连接，同时还保持私有区块链的安全性。同样地，Hyperledger 项目也试图传播分布式账簿的开放标准，以促进区块链连接。

技术采用的途径将如何拓宽？

鉴于区块链的非凡前景，人们已经开始对话，并且还可能进行实

金融科技前沿

验。基础区块的开发将加快技术采用的速度。各种支持活动流程的工具可能会加速技术的采用。

技术采用的可能途径有哪些？

区块链的采用有几种可能的途径，它们不是相互排斥的，并且随着时间的推移可能会相互加强。我们看到了区块链采用的三条基本主线：

• **现有组织内部的许可链/私有链**（Incumbent Intra – Organization Permissioned/Private Blockchain）：大多数组织的内部在运行过程中，都会有大量的数据孤岛，这就妨碍了信息共享，导致大量的重复性工作。在组织内部采用区块链，也可能会提高跨组织/外部组织采用时的开放性和舒适性。

• **现有组织间的许可链/私有区块链**：一种似乎合理的情景是组织机构将区块链概念融入现有技术架构中，并随着时间逐渐向新技术迁移。

• **新企业**：许多新企业已经获得了投资，正在技术栈（Technology Stack）的各个层面进行试验。这些新企业既探索技术的基本组成部分，如账簿、智能合约、其他种类的智能资产，也探索一些更具挑战性的领域（例如，钻石的来源、法治薄弱国家的财产权、跨境或跨币汇款）。

我们可以通过建立哪些机制来促进技术的采用和持续创新？政府、公民、公司和学术界如何通过更好的合作来促进技术探索和增长呢？

1.3   走向网络创新的第五个层面

我们应该如何着手开发网络创新的第五个层面？区块链的问题不仅与监管和产业动态有关，还与技术和业务模式的发展有关。2015 年这项技术引起了人们的关注。2016 年将是针对这项新技术的快速发展和广泛的实验。

麻省理工学院媒体实验室主任伊藤穰一（Joichi Ito）写下了这样一个注意事项："许多人对区块链的潜在应用感到非常兴奋，以至于他们完全忽视了他们所运行系统的架构。就像很多互联网公司认为互联网能够独立运作一样，它们同样认为所有的区块链都是一样的，都是能独立工作的，但是区块链技术并不像互联网那么成熟，不像互联网那样人们可以几乎抽离出来，让它独立运行……各国政府和银行正在推出各种各样的计划，却没有充分考虑它们将如何实际上建立安全可靠的账簿。"

在与监管机构进行的讨论中，本书作者不仅认真思考区块链的潜在好处，也谈到其乌托邦主义的一面，即区块链技术未能实现其所承诺的美好前景。我们可以想象这样一个情景：世界上的五家最大银行因编码错误而瘫痪，导致成千上万的智能合约被错误地执行。这种情况并非不可能出现：2012 年，骑士贸易公司（Knight Trading）因 4.6 亿美元的交易错误而倒闭；不小心把小数点向右移几位就很可能对全球金融体系造成重大的系统性冲击。如果量子计算技术获得重大突破，并与区块链相结合，为犯罪分子创建一个真正的无法渗透的洗钱网络，结果会怎样呢？也许对于那些已经投入了数十亿美元进入区块链领域的投资者来说，最可怕的事情是：如果 10 年后区块链并没有得到很好的应用，情况又将会是怎样的呢？

比特币区块链社区需要面对的另一个问题是：如果比特币采矿变得无利可图，那么区块链的安全性可能就会消失。这也是所有像比特币一样用采矿激励的市场都会面临的问题。

本书作者仍然相信，区块链的潜在利益要大于可能的下行预期。新的探索途径可能会暴露出以前从未考虑过的机会。试想有这样一个世界，在这个世界里，分布式自主设备组成的互联网与分布式数据构成的互联网相遇了。如果人们在一个城市的道路上驾驶智能汽车，汽车与他们开车路过的智能建筑在一个支持该国金融体系的网络中相互联系，那该怎么办？如果利用自动驾驶车辆的闲置处理能力来监督货物和服务的有效分配，结果又将会怎样？这可能是非常美好的，也可能是一场噩梦。

如此棘手的难题最终可能会促进区块链技术的广泛应用。我们相信，网络安全特别是数据安全，可能就是这样一种应用。基于区块链的系统，如 Enigma[16]，代表了一种将极其敏感的企业数据存储在实际上防黑客的分散式网络中的方法，而且仍然会在保持数据加密的同时对数据执行计算。让我们感兴趣的是"将算法引入数据"（bringing the algorithm to the data）这一概念，而不是当前将数据与算法分离的模型。

尽管如此，应用仍是一个悬而未决的问题。是否有一种激励机制，可以鼓励如金融服务行业这样竞争激烈的、有着大量数据孤岛的行业，来形成一个思想自由流通的社区并采用统一的标准？如何开发和推广这种机制？

第 2 章 区块链与交易、市场与商业活动

大卫·舍瑞尔

贾克林·伊罗西

德文·夏尔马

阿莱克斯·彭特兰

2.1 导言：交易、市场和商业活动

在前一章中，我们把区块链称为"网络化创新的第五境界"，从技术意义和社会政治背景这两个方面，概述了区块链技术运行的基本原理。在这一章中，我们将研究未来区块链对交易、市场和商业活动的影响。

区块链技术有可能在许多行业得到应用。我们将集中讨论：

● **证券交易**：区块链技术有望帮助金融公司节约超过 200 亿美元的成本[1]，并很有可能颠覆金融生态系统。

● **商业银行业务与零售银行业务**：区块链技术可以弥补全球 2 万亿美元的信贷缺口。

● **保险业**：区块链技术可以解决 400 亿美元未投保的"保护缺口"。

如果我们把握住机会，使用区块链技术来解决这些问题，将对从事上述行业的众多中介机构产生深远的影响。

大规模采用区块链技术会对当今市场和市场交易产生诸多影响，为价值创造增添了许多新的途径。区块链技术侧重于金融机构和中小型企业的关键应用领域。区块链技术可以在全球范围内为企业创造融资机会，开创新的交易类型，还可以重新设计现有的交易模式和结构模型。

大多数交易都会涉及数据，而数据能够使交易智能化。例如，交易的底层数据包括完成该交易所必需的信息，如付款人和收款人的账户号码和银行代码，这样的信息有助于识别交易双方和中介机构。如今，越来越多的交易信息还涵盖交易者的位置信息和行为信息。每项交易的数据也会包含相关的风险信息和交易工具信息。

一项交易（如典型的非现金支付）由下列要素组成：交易发起人、资金、票据、用途、处理、收款人、确认和结算。交易产生的丰富数据增加了欺诈的风险。虽然这些数据使人们能够提供或接受更加个性化的

服务，但也增加了隐私泄露的风险。支付是通过"支付路径"（即中介机构）完成的，中介机构可以接触到交易数据，这就增加了隐私泄露的风险。现金支付不需要通过中介机构。早期的信用卡电子支付有六个交易中间人：付款人、网站/应用运营商、商户/收款人、商业银行（收单行）、信用卡企业、客户/付款人的发卡机构。不同交易中间人在获取、保留和使用数据方面的做法也不同。因此，支付路径越长，风险就越大。

从根本上讲，区块链具有以下优势：

• **安全**：账簿账项的"共识解决方案"（consensus resolution）可以创建更抗风险、更可靠的安全框架。

• **共享账簿**：可审核性和透明度越高，就越让人信任。我们不必经过中介机构，这样可以使小额支付更加经济划算。

• **加密**：区块链能够增强交易的安全性，使人们更有信心地进行价值更高、风险更大的交易。

• **在交易中嵌入应用逻辑**：人们可以利用嵌入交易中的数据属性，让交易流程以时间、位置、事件、信任度等为条件，这样可以为自动化交互创建途径，从而通过智能合约等手段降低交易成本、提高交易速度。

区块链有消除"交易轨迹"（transaction trail）的能力，但是仍然可以使交易具有透明度和可追溯性。区块链不仅可以加快交易处理速度，还可以降低交易完成过程中的风险和数据遭到滥用的风险。

2.2　商业银行业务与零售银行业务

虽然世界上大约95%的企业是中小企业，但其中一半企业的融资需求无法得到满足。在2亿多家企业中，信贷缺口预计超过2万亿美元。[2]

抵押品登记机构

中小企业在贷款时缺少足够的抵押品，这限制了它们的借款能力。在发展中国家，这种现象尤为突出。根据世界银行的数据，全球近 80% 的企业贷款需要抵押品，抵押品的价值平均为贷款金额的 202.7%。[3]

把不动产作为抵押品是世界公认的做法。应收款或库存等动产往往不能作为抵押品，然而中小企业的大部分资产都属于动产。由于缺乏可信任的中央抵押品登记机构，所以把动产作为抵押品的做法得不到广泛应用。目前这些登记机构需要政府的支持和资助。

可信任的动产登记机构的影响力如何呢？2013 年对 100 多个国家进行的一项研究表明，在实行抵押品登记改革的国家，中小企业获得贷款的机会增加了 8%。[4]国际货币基金组织开展的进一步研究发现，这些国家的中小企业获得贷款的机会大大增加，而贷款成本在降低。"在担保物权制度完善的国家，为了防止发生违约，专门为债权人建立了一套可预测的优先权制度。在这些国家，平均信贷总额大约占国内生产总值的 60%，而在没有明确的债权人保护制度的国家，这一比值徘徊在 30% 至 32% 之间。在工业化国家，使用抵押品的借款人与不使用抵押品的借款人相比，前者获得的贷款金额是后者的 9 倍，前者的还款期是后者的 11 倍，前者的贷款利率仅为后者的一半。"从整个系统上讲，动产登记机构增加了抵押资产的多样性，降低了金融机构的风险，从而提高了放款人在信贷市场中的份额和短期流动性。[5]

尽管抵押品登记机构的好处是显而易见的，但许多国家尚未实施抵押品登记制度，而且在世界范围内该登记制度的标准并没有得到统一。区块链技术的出现，意味着这些抵押品登记机构的建立将不再依赖于政府的支持。国际货币基金组织等国际机构已经确立了最佳做法，中小企业可以按照这些做法登记其资产，并授予放款人一定权限，允许放款人掌握企业资产信息，以便放款人做出信贷决定。

金融科技前沿

中小企业登记其资产的另一个好处就是减少欺诈。Allianz Accelerator 公司常务董事 Sylvain Theveniaud 表示，建立一个目标明确的注册中心来追踪商品的所有权并证明其来源，将会根除非法商品，并在世界范围内减少欺诈行为。[6]区块链对于打击 1.77 万亿美元的跨境假冒商品市场具有重要意义。[7]

智能资产（Smart Property）

2014 年 9 月，中国内地和香港的贸易差额在短短 9 个月时间内就达到了 135 亿美元。有些人为了规避中国内地关于资本输入的相关法律，伪造了商品发票，这样就导致了可以人为操纵的出口额和人民币汇率。[8]如果这些假发票所代表的交易额被记入同一个账簿，结算时账面上就不会有任何出入了。

钻石的衍生价值是以产地为基础的。为了打击血钻并证明钻石的价值，钻石行业在倡议加入 Everledger。Everledger 是一个分布式平台，为每颗钻石创建独特的数字指纹，能从所有借款人数据中直接追溯到钻石的来源。[9]

但是，如果我们能够进一步验证抵押品或商品的去向，那又会出现怎样一种结果，我们又要怎样做呢？把区块链与技术力量不断增长的物联网结合起来，就会产生强有力的新想法，那就是智能资产。如果实物资产内嵌有传感器，该资产会记录变更其所有权的所有交易，或者提醒当事各方合约条款可能无法得到满足。以石油为例，在同意交易条款之前，交易各方应该知道一桶石油的确切化学成分和重量。如果风暴耽搁了运输，货船会触发合约的应急条款，并提醒受影响方。抵押品的管理可以更加简化。如果企业把其库存作为抵押品，抵押品价值可以动态更新，从而降低风险。抵押品管理团队所支持的贷款更像是证券抵押贷款。对于使用抵押品账簿和智能合约的抵押品来说，抵押双方可以预先就具体的参考数据达成一致，不论这些参考数据是企业内部的信息，还是企业外部的宏观数据。抵押双方都能自动触发抵押品追缴通知，要么满足，要么警告抵押品的所有当事人。抵押品管理工作改进了，就能产生巨大的效益。据估算，全球抵押品管理市场的低效率工作每年给银行造成高达 40 亿美元的损失。[10]

商业支付/中小企业的新机会

围绕区块链技术，人们一直想问一个问题：区块链真正的用例是什么？这仅仅是问题的一个解决方案吗？小额支付是 P2P 低成本转账方法的一个实例。小额支付有助于重新构建多种业务模式。小额支付的交易金额不到 10 美元。在线小额支付的想法得到了 IBM 和网景公司的大力支持。这两家公司说服万维网联盟（W3C）开发通用的小额支付标准，甚至为"需支付"（Payment Required），在网络内植入了一个错误代码 402[11,12]。

由于在财务上不可行，小额支付之前一直未得到充分发展。很多企业除了广告和订阅服务之外，很少将小额支付当作收入来源。通常的业务模式是从每次交易中收取一定数额的服务费。这种模式对于次数多、金额低的支付活动来讲是非常昂贵的。[13]这些高昂的服务费是在交易过程的数据传递和数据处理中产生的。今天的商务世界与先前迥异，广告利润不断减少，订阅模式遇到了重重困难。

中小企业使用小额支付的机会越来越多。Gyft 公司向中小企业提供礼品卡，而这些中小企业先前没有足够规模来支持必要的支付基础设施。对于他们而言，礼品卡是一个很好的福利。根据 CEB 公司的数据，65％的消费者在使用礼品卡支付时，会额外消费 38％。Gyft 公司希望能够建立一个标准化的礼品卡交易平台，从而在根本上改变礼品卡，并通过区块链发行礼品卡，以降低发行成本。消费者可以轻松地交易礼品卡，而且永远不用担心会失去卡内的余额。[14]

2.3　证券与交易

贸易融资和抵押品融资都是金融领域的业务，初创企业和老牌企业正在制定基于区块链技术的解决方案。关于商业支付、资本市场等领域的创意得到更多关注和资助。

资本市场/体制转型

今天的资本市场基础设施、系统、流程和监管过于复杂，而且是在与今天的金融领域截然不同的情况下建立起来的。纵观交易的整个生命周期，在理想状态下有许多重要领域是作为底层基础设施来实施的，如图 2.1 所示[15]。

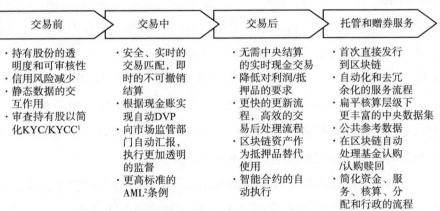

交易前	交易中	交易后	托管和赠券服务
·持有股份的透明度和可审核性 ·信用风险减少 ·静态数据的交互作用 ·审查持有股以简化KYC/KYCC[1]	·安全、实时的交易匹配，即时的不可撤销结算 ·根据现金账实现自动DVP ·向市场监管部门自动汇报，执行更加透明的监督 ·更高标准的AML[2]条例	·无需中央结算的实时现金交易 ·降低对利润/抵押品的要求 ·更快的更新流程，高效的交易后处理流程 ·区块链资产作为抵押品替代使用 ·智能合约的自动执行	·首次直接发行到区块链 ·自动化和去冗余化的服务流程 ·扁平核算层级下更丰富的中央数据集 ·公共参考数据 ·在区块链自动处理基金认购/认购赎回 ·简化资金、服务、核算、分配和行政的流程

注：1. KYC – Know your Customer（了解你的客户），KYCC – Know your Customer's Customer（了解你客户的客户）。
2. AML – Anti-money Loundering（反洗钱）。

图 2.1

与目前的状态相比，最有希望改善的领域包括资产所有权、新的金融工具和结算。

资产发行与资产所有权

资产可以直接记入到区块链账簿中。在进行买入或卖出的交易时，区块链账簿使用 P2P 方法核对账目。这种方式需要身份的所有权归属明确，或者在有经纪人的情况下，经纪人得到明确授权可以代表他人行事。在当前的系统里，这样做可以使交易去中介化，让交易变得更轻松。

例如，股票通过区块链以数字形式发行，与其所有者经纪人的身份绑定在一起，而不是像目前这样与中间人或保管人相关联。如此强有力的变化，原因有几个，因为现金结算和证券交易所的操作可以同步进行。加快结算速度和取消纸质证书可以降低成本。最重要的是，股份所有人能够确保与所有权相关的所有权利，而这些权利并不总是能够得到当今制度的保障。如今，为了降低成本，几乎所有股票都归美国证券托管结算公司（Depository Trust & Clearing Corporation，DTCC）的一家子公司所有。因此，纸质股票转让书会保存在某个地方，并由相关实体机构记入账簿。

2015 年，在对戴尔收购案做出裁决时，一些股东在特拉华州法院丧失了他们的评估权，仅仅是因为他们为了在不收取额外费用的情况下存储实物票据，从而不得不重新确定股票所有权，这便意味着不存在连续的所有权。[16]虽然人们发现在这种情况下存在几个复合因素，但涉及更广的是系统问题，而这一问题可以通过数字化的安全资产来解决。更进一步的解决方案是，把所有股东投票权都直接记录在资产上，这意味着股票的整个投票表决历史都可以附加到该股票，而不管所有权如何易手。

目前，有几家公司开始参与这类资产发行，其中，最典型的资产发行发生在 2015 年 12 月。美国股票交易所纳斯达克和比特币公司 Chain 合伙创办的新型证券交易平台 Linq，使用区块链技术发起并结算了第一笔证券交易。这是向美国投资者发行的一定数额的私募股权。[17]

结算与对账

正如抵押品交易的差异所显示，唯一的真实性对于结算和对账是极为有利的。通过减少执行交易和处理共享账簿所需的交易方数量，人们可以大大减少与外部交易方和内部系统的对账过程。到 2022 年，分布式账簿技术预计可以使跨境支付、证券交易和监管合规性审查的成本每年降低 150 亿~200 亿美元[18]。

在实践中，这些降低的成本对于交易后的结算意味着什么？首先，所有权转让和支付可以同时进行，从而把交易对方的风险持续时间从 T + 3（股票当天买入，三日后才可以卖出变现）降低到几分钟，或者把风险持续时间降低到理想的安全时间段内。通过查看交易对方的交易历史记录、即时更新的抵押信息、完整的资产所有权记录等手段，人们能大幅减少信息的非对称性，进一步降低交易风险。人们实施可靠的智能合约意味着部分交易可以在机器之间进行结算，而不需要大量的人工确认。最后，监测方、监管方或商定的第三方可以获得完整的交易细节，并能够进行实时监测。

与此同时，即时结算（甚至几分钟内就能完成结算）将消除当前系统固有的某些灵活性。例如，T + 3 交易通过经纪人进行股票借入和借出，使快速交易者拥有更大的投机能力。在没有灵活浮动的世界里，这种投机能力将会消失。股票市场应该只为长期持有人而建立？还是应该既为长期持有人也为高频交易者和短期投机者提供便利？这些短期投机者是否准备好在动态市场环境中应对更大的流动性和价格灵活性？

执行错误是区块链的另一个麻烦问题。BATS 全球市场公司因编程错误不得不撤回 2012 年的 IPO，过了 4 年时间才于 2016 年上市。虽然当前的结算系统允许无效的对账过程，但想象一下，在区块链世界里的"回滚"（"rollback"）挑战：根据定义，区块链是一个不可撤销的记录。使用区块链的自动"不可撤销"交易可能会产生一连串难以消除的错误，如果没有数据库回滚的简单性，"链"的依赖性会给解决错误带来一种新的复杂性。（相互依存的衍生品合约的）"雷曼毛球"（Lehman Hairball）六年后仍未解决。如果没有前瞻性设计，基于区块链的市场可能更加不透明。

金融工具和智能合约

随着信息的增加（即信息不对称性的降低）以及财产和数字知识产权的增加，由于基础资产更加透明，二级市场更容易建立，因此将出现更多新的"利基衍生品"（niche derivatives）。企业的需求可以细分为单个现金流，然后捆绑在一起形成所有新的掉期。

金融工程的最大繁荣来自智能合约。智能合约指的是通过电子方式验证和执行的计算机可编程合约。合约方基金会（Counterparty Foundation）的社区总监克里斯·德罗斯（Chris DeRose）认为，智能合约通过无差别执行来降低风险。[19]该基金会创造了一种经济划算、事先商定的方法，以确保合约的所有部分得到履行而不受干扰。

2.4　保险

全球保险业敏锐地意识到了"保险保护差距"（insurance protection gap）。也就是说，很多本该有保险的人没有投保。根据日内瓦协会的统计数据，新兴市场的 GDP 占世界 GDP 的 40%，但其参加保险的人口仅占世界参保人口的 17%。全球有 40 亿人没有保险；如果有保险，这 40 亿人每年的名义保费为 400 亿美元[20]。

基于区块链技术的智能合约可以提供车险自动理赔，从而形成成本低、效益高的小额保险解决方案。如果把区块链技术与机器学习系统、模式识别技术之类的解决方案相结合，保险公司只需分析用移动电话拍摄的图像来进行车险理赔，索赔也可以在几分钟内得到裁定，而不需要花费几天甚至几周时间。

更具颠覆性的区块链应用是在P2P保险领域，而且这些应用可以绕过老牌公司（如果监管问题得到解决）。例如，德罗斯（DeRose）提到，目前主要依靠个人汽车政策的优步（Uber）或来福车（Lyft）司机，可以把资金集中在区块链上，创建智能合约，以确保为彼此保险。他还提到："这是保险公司现行的做法，只有它们管理着资金池，也只有它们才能把资金从总收入中提出来。""如果你有一个牢不可破的身份链来签发保险单，你还需要保险公司吗？"[21]

与其他中介市场一样，分布式加密账簿等新技术可以降低成本，改善保险市场的准入制度。

2.5 隐私

我们将在下一章更详细地讨论隐私问题。然而值得注意的是，交易的透明度可能产生意想不到的后果：披露金融投资者制定的自营交易战略，使市场对投资者的吸引力下降。在一个从功能设计上就透明的系统中，如何适当地管理个人和公司的隐私？"零知识证明"（zero-knowledge proof）[22]可能是一个管理隐私的方法。人们可以查询关键信息或相关信息（例如，某实体机构是否有足够的资金来支付保证金），但人们不可能通过零知识证明获取其他数据（例如，该实体机构的投资组合总市值是多少）。

2.6 对中介机构和其他市场参与者的重新思考

关于区块链在金融市场的大规模实施，一个最大的系统性问题是交易对手和中介机构的作用。目前的中介制度是出于管理风险的需要，特别是当证券使用票据交易时。虽然中介机构已经在某种程度上适应了数字环境，但它们没有减少利润或削弱自身作用的动机。

在设想资本市场的未来时，我们必须记住，技术引进在过去创造了减少中介机构数量的机会。计算技术以及后来的互联网，有助于实现去中介化，并最终创建美国存管信托和结算公司。这种模式转变既提高了效率，又降低了系统过于复杂而无法适应新的金融技术的风险。

区块链的一个显著的市场效益是，通过单一账簿和透明审计，使额外的监管层变得多余。目前的流程将不可避免地限制资本市场发展的脚步，阻碍中介层的减少。重新设计整个交易系统将有助于提高效率，但也会产生过渡期内的风险。

那么未来的中介机构会是什么样子呢？除了中介机构当前执行的核心职能外，还有几个功能需要中介机构加以考虑。

虽然执行核心职能的人员或中介机构可能因资产类别而有所不同，但正常运行的市场仍然需要这些核心职能。

区块链对不同市场参与者的影响

表 2.1

范围	评论
财务担保人	如果交易允许 T + 0（股票即时清算交割），即在区块链确认交易和交易结算之间没有时间延迟，也就没有时间风险，因此不需要市场以外的中介机构。然而，如今的美国资本市场不是因为技术限制，而是因为法定要求设定了许多结算期。例如，美国股市有 T + 3 惯例（股票当天买入，三日后才可以卖出变现），该惯例在 2017 年第三季度之前将转变为 T + 2（股票当天买入，两日后才可以卖出变现）。[23] 如果这些结算要求仍然存在，那么交易对方将面临一些风险。在这些交易场景中，人们有机会创建某种"持有账户"（holding account）或者让清算方履行担保人职能

续表

范围	评论
安全注册/ 过户代理人	嵌入式资产：如果资产是嵌入式的，例如通过数字股票发行，那么市场将记录并转让资产 监管机构还可以直接接收额外的交易信息，以便改进和加强风险管理。 外部资产：如果资产没有写入区块链中，那么交易仍然会被记录下来。然而，这需要确定过户代理人机制。交易对方可以酌情自行决定转让符合约定标准的资产，或者中介机构可以担当该角色[24]
技术管理机构	人们需要制定区块链基础设施标准并保护区块链基础设施，这就决定了区块链监管的必要性。美洲网际网路位址注册组织（ARIN）、互联网工程任务组（IETF）和互联网名称与数字地址分配机构（ICANN）等互联网组织机构的形成过程离不开独立的专家组，他们可以确保稳定性、持续地开源，并制定标准或做出改变
监管监督	虽然监管和合规仍然是市场的核心问题，但区块链可能会改变监管监督的性质。这是因为监管机构将通过网络内节点的公共性质来提高透明度。区块链提供的透明度，让监管机构对市场的情况有了更清晰的了解，几乎可以做到实时了解

正如其中一些中介机构的职能所表现的那样，市场将吸收一些角色。市场本身作为创造价值的平台，所吸收的角色会推动市场创造更多的价值。"区块链技术正在推进系统的进一步改进。有些创新工作遇到了一个共同障碍：如何让居于垄断地位的主导提供商来承担核心责任、行使核心权力。要破除这样的障碍，整个行业就需要集体磋商由谁来制定解决方案，就像区块链的情形那样。

人们有创建新的商业模式的能力，这也就催生了"按需市场"（market on demand 或 on-demand market）的构想。消费者已经证明了新的共享经济模式的价值。人们有能力建立市场，在这个市场里，信任、基础设施成本和地缘政治的潜在稳定性都不会成为障碍。这样的市场为设计出更多共享的解决方案创造了大好机会。人们通过智能合约制定"自我执行的规则"（self-enforcing rules），再使用这些规则精心设计出市场，这在过去是不可能做到的。比方说，为自我保险的人建立一个资金池。现在，围绕市场的问题可能不再是哪个具体市场的问题，而是这样一个问题：市场的"最小可行特征"（the minimum viable characteristics）是什么？

现有的传统市场不能像潜在的"按需市场"那样，能随时随地满足消费者的需求。资本市场的最低可行要求不仅包括监管监督，还包括大量在同一领域运作的参与者。Chain 公司的亚当·卢德温（Adam Ludwin）估计，尽管许多网络都期待着启动，但领先的机构需要其他机构的加入才能生存下去。"我认为只有少数有意义的区块链网络最终才有可能进入市场并取得网络效应，但这些少数网络却有着大量参与者。"[25]

第3章 区块链与基础设施（身份和数据安全）

大卫·舍瑞尔

吴伟格（音译）

阿莱克斯·彭特兰

3.1　导言：基础设施（身份和数据安全）

我们正处于一个快速变革的时代。由数据驱动的这种变革是根本而彻底的。这不仅是因为我们身边多了物联网（IoT）或无处不在的移动计算，更是因为这种变革几乎触及到社会系统的方方面面：交通、卫生、政府、物流、营销、电力、国防等。社会运作的日益量化使其变得更高质、更高效，也更透明、更可靠。变革影响的不仅包括系统的经济状况，还包括系统的管理和资金状况。它模糊了客户、公民、企业和政府之间的界线。每个人都可以看见身边正在发生的变化，并在塑造这些新的社会体系中发挥作用。

因此，金融服务、金融科技、软件安全等领域的企业紧跟变化的动态，急切希望了解变革的格局及其影响，思考要如何参与其中。企业不仅需要适应快速变化的技术环境，更重要地，需要适应辅助技术变革的生态系统。最近几年，美国零售巨头 Target 和约会网站 Ashley Madison 遭到黑客攻击的事件，足以说明高度网络化的世界并不安全，因为我们的数据被收集和保存在非常不安全的存储库中。

为了维持社会的健康、安全和高效发展，我们需要建设相应的基础设施。不过，在一定程度上，基础设施的建设也带来了科学和工程方面的挑战。类似挑战可追溯到 19 世纪的工业革命时期，当时的工业革命刺激了城市的快速发展，而城市的快速发展又带来了新的社会和环境问题。当时的解决方案是设计集中式的网络。人们通过这些集中网络获取清洁用水和放心食品、进行商贸活动、清除废品垃圾、供给能源、使交通更加便利。同时，人们还可以享有集中的医疗保健、治安保障和教育服务。正如我们今天看到的，这些集中的网络构成了社会运行发展的支柱。

然而，这些有百年历史的集中式网络正变得越来越落后、越来越低效。今天我们面临着诸多挑战：全球气候变暖，能源、水和粮食等资源供应不稳定和人口增长。到 2025 年，仅中国的城市人口就将增加 3.5亿人。[1] 如何建设挑战下的基础设施是个难题。这要求基础设施能够促进城市更加节能高效，保障用水和粮食的安全、充足供应，有效遏制流行病，并确保更好的城市治理。大数据可以帮助我们实现这些目标。我们要把系统视为数据驱动的动态网络，而不是按功能（水、粮食、废物处理、运输、教育、能源）划分的静态系统。

我们需要能够自我调节的网络化系统，而不能只关注获取和分配。这样的网络化系统取决于公民的需求和偏好。可以说，这样的系统就是一个"神经系统"，它维护着全球各国政府、能源系统和公共卫生系统的稳定。我们应该建立一个框架，以便能够获取不同情况的数据，把这些观察到的情况与需求和动态反应模型相结合，利用由此产生的预测结果来调整社会的"神经系统"，以回应公民的需求和偏好。

区块链的高弹性架构和分布式特性，使其成为具备创建社会"神经系统"的独特平台条件。本章将探讨区块链在身份和数据安全方面的应用。

3.2 身份

身份验证

在互联网时代，人们对基于区块链的身份验证需求尤为突出。在现实世界中，使用社会保障号、州酒类购买身份证件、驾驶执照、护照、国民身份证等形式确定个人身份的制度并不完善。尽管如此，在网络世界，我们甚至没有一个同等的制度来确保我们的个人身份或数字实体的身份能够得到在线认证。Facebook 账户作为不同数字应用程序的登录账号和"媒体访问控制"（Media Access Control，MAC）地址接近于网络身份验证的概念。但是，如果二者可以随意更改，那么就很难作为可信的身份识别方式。

虽然各国政府可以签发各种形式的身份证明，但是在线身份和数字实体却不承认国界。乍看之下，数字身份验证似乎是一个棘手的问题，因为在全球范围内没有一个监管实体。然而，鉴于人们连本国政府签发身份证的做法都很反感，要在全球范围内建立一个监管数字身份的实体机构将是极其困难的，或者可以说完全不可行。[2] 区块链技术可以提供一种安全的解决方案，以规避数字身份监管问题，而且也不需要设立一个中央权威机构。

几家区块链初创企业正尝试利用区块链创建在线身份。例如，Sho-Card 是保护消费者隐私的一个数字身份。ShoCard 力求简单易懂，就像出示驾照一样便于使用，与此同时，能够到达银行系统的安全信任级别。其安全性得益于 ShoCard 的身份平台构建在公共区块链的数据层上。ShoCard 作为一家商业公司，不可能存储受损的数据或密钥。根据 ShoCard 的说法，所有身份数据都经过加密和哈希化处理，然后存储在区块链里，因此身份数据不会被篡改或修改。Uniquid 也是一家与 ShoCard 类似的初创公司，它弥补了人类身份验证机构和数字身份验证实体之间的鸿沟。Uniquid 考虑到了对设备、云服务和人员进行身份验证。[3] Uniquid 的目标是为相关联的设备、服务以及人员提供身份和访问管理，并利用生物识别信息为人类提供身份认证。身份认证的这种发展趋势表明金融机构越来越需要改进身份认证，特别是为了达到合规的目的。为了实现合规，区块链技术能够配合金融机构在入职培训过程中让员工更好地核验客户信息，而这一过程称为"了解你的客户"（know your customer，简称 KYC）。同时，区块链技术能够帮助金融机构更好地验证交易各方和交易本身，以防止欺诈行为，并更有效地遵守反洗钱（Anti – Money – Laundering，AML）条例。更优化的 AML/KYC 系统有助于将银行服务惠及全球 20 亿无银行账户的客户。

许可链上的不含隐私的身份

提高透明度并不一定意味着失去隐私。有些加密身份方案通过身份匿名化、交易互不关联，加强了对隐私的保护。如果区块链系统要在全球范围内运行，就需要一种不含隐私的新型身份模式。新模式必须允许区块链生态系统中的实体：（ⅰ）核实身份的"性质"或安全性；（ⅱ）评估该身份相对于任何特定机构（例如政府、企业等）的"自由"或独立性；（ⅲ）评估数字身份的信任源。然而，人的身份认定部分来源于对个人生物特征的识别，部分来源于对个人行为的识别。我们采用了行为识别模型。可是如果一个秉性良好的人有时表现得不尽如人意，系统会如何应对类似这样行为不一致的人呢？当人们采用数字身份或数字角色时，被验证的身份是什么呢？

麻省理工学院的研究人员提出了"核心身份"（CoreID）这一概念。这种核心身份是建立可信身份的新方法，它在确立身份的同时，还能保护隐私。核心身份的架构是专门为许可链而设计的（许可链目前由几家银行和交易平台开发），它在许可链之上添加了一个身份和隐私保护层。匿名身份验证这一步骤允许任何人读取和验证许可链的交易，但只有匿名验证身份才能处理交易。与比特币挖矿相类似，经济激励措施有助于系统抵御攻击和保护身份网络的完整性，使系统具有抗风险能力。

这样的系统使交易各方自觉遵守 AML/KYC 条例，同时不会折损交易对方的个人身份信息。

交易监测

毕马威国际会计师事务所于 2014 年对合规专业人士进行的一项调查显示，只有 58% 的受访者表示，其所在机构的交易监测系统能够监测不同业务领域之间的交易；只有 53% 的受访者表示，他们能够监测不同司法管辖区之间的交易。[4] 在金融机构，区块链技术提供了更好的数据基础设施，还可以提供更高质、更全面、更低成本的记录。值得注意的是，金融机构可能青睐许可链而不是非许可链。这意味着，对于没有采用中央认证的区块链，其两大功能中的其中一项在某种程度上会受到削弱。在典型的许可链里，中央认证机构或统一的身份认证程序决定参与人选，这在一定程度上损害了非许可链的完全分散性质。然而，许可链仍然具有了强大的共识安全（consensus security）。金融机构正在积极探讨许可链和非许可链数据库各自的优缺点。

所有权

在不采用中央认证中心的情况下，区块链能够提供强大的共识安全，这种特质使区块链更适合所有权的认证。所有权涉及到数字资产、知识产权和实物财产，其中实物财产包括实物产品和土地。Ascribe 就是这一领域的一家初创公司。Ascribe 在公司描述中提到："我们从根本上创造了一种全新的方式，用以锁定数字作品的归属权，安全地共享数字作品，记录数字作品的传播范围。"Ascribe 在作者与其作品之间建立了一种永久且不可分割的联系。利用区块链技术，Ascribe 使所有权能够得到永久验证和跟踪，从而让数字作品也能够像实物作品那样进行转让、借用和联合署名。此外，Ascribe 还可以通过拦截对作品未经授权的访问来保护作者的创作收益。[5]

BlockVerify 是另一家采用区块链技术管理所有权的初创公司。它除了利用区块链来核查奢侈品、实物产品的来源，以确定知识产权的归属之外，还可以通过核查药品、钻石、电子产品的法律地位来解决假冒商品问题。[6] 在公共领域，区块链也对政府档案文件的保管方式产生深远影响。《经济学人》援引了居住在洪都拉斯首都特古西加尔巴的居民马里亚纳·卡塔利娜·伊扎吉雷（Mariana Catalina lzaguirre）的例子。由

于该国有关当局的资料记录中没有反映出她对土地的正式所有权，她的
房子遭到拆毁。[7]在数据维护不善和腐败横行的国家，区块链提供了一个
可靠地替代现有登记方式的办法。因为区块链的交易历史是不可更改的，
腐败分子无法篡改记录。这种记录方式所带来的高度安全得益于区块链的
分散性。因为区块链是分散的，其维护并不依赖于一个单一的权力机构，
因此某一方的管理不善而造成的故障点不会影响记录的准确性。

　　然而，如果技术解决方案不融入社会制度，那么这样的解决方案是
不完整的。如果由于某些原因（比方说，许多表兄弟都对同一处财产主
张所有权），创世区块难以建立，那么在这种情况下，没有任何其他技
术可以解决这样的纠纷。

3.3　数据安全

　　传统的数据安全模型倾向于创建愈加坚固的"防火墙"，为验证访
问权限添加更多验证条件，并使用更高强度的加密手段。这些数据安全
模型都基于同一个理念：用户只要能进入系统，就能访问数据。系统分
区通常很简单。爱德华·斯诺登把社交工程与技术含量低的"蜘蛛"程
序结合起来，在互联网上快速搜索到 170 多万份文件。[8]区块链具有
"分散堆栈"（to scatter the stack）的潜力，使单个破坏行为造成的损失
或者多个破坏行为相结合所造成的损失大为降低。借助于更高级的加密
手段和零知识证明，人们可以建立更安全的数据存储和访问方法，提高
数据管理者保护关键信息的能力。

分散式安全（Decentralized Security）

　　上述所有区块链技术应用的基础都强调了数据安全存储的重要性，
即数据不能被篡改。隐私保护是数据安全的另一个方面。区块链的分散

性看起来似乎与隐私保护格格不入，这确实是一个值得关注的问题，但事实证明，通过技术创新，两者是可以被调和的。基于区块链技术研发出来的 Enigma（谜）正是一个可以保护隐私的分散式计算平台。Enigma 的目标是，使开发人员能够通过设计端到端的分散式应用程序实现隐私保护，而无须第三方的介入。[9]

Enigma 是区块链技术的延伸，因为计算和数据存储不是在区块链内完成的；区块链是一个用于多方计算（multiparty computations）的"操作系统"，该多方计算由网络中的存储节点和计算节点执行。在 Enigma 系统中，信息数据被分解成许多碎片并分布在不同的节点中，不同节点可以重组以共同执行函数运算获得信息，但在这之前，每一个节点只都进行单独的数据碎片计算。"总之，任何一方都无法访问全部数据；每一方仅能获得不带有实质性意义的随机数据片段。"[10]

这种方式既确保了数据使用，又保障了隐私安全。因此，人们在评估程序的同时，程序内输入的数据能够得到保密。[11] 例如，政府可以在不查明福利领取者身份的情况下，分析出福利领取者的特点、福利资助的类型和数额。受害者或举报人可以举报犯罪行为，并在不暴露自己身份的情况下让司法当局核实举报情况的真实性。

区块链、分布式计算和零知识协议，可以帮助银行解决大量的多辖区数据问题和资本计算问题。

除了 Enigma，隐私也是"传统"区块链技术中的一个关键问题。Storj 是一个 P2P 云存储网络，宣称是"最安全的私有云"。[12] Factom（公证通）是第一个家利用区块链技术打造不可更改的记录保存系统的公司。它与医疗记录和服务解决方案提供商 HealthNautica 合作，使用区块链保护医疗记录并进行"审计跟踪"（audit trails）。首先，私人医疗数据会被加密编码，以确保医疗记录不会泄露给第三方（包括 Factom 本身）或者从数据的原始位置进行传输，从而保护了患者的隐私。[13]

3.4 迈进"数据新政"（A New Deal on Data）

区块链有望推行"数据新政"：在允许社会从数据聚合（data aggregation）中受益的同时，更大程度地保障个人数据的所有权、控制权，更好地保障个人数据带来的收益。数据聚合能带来许多好处，其中之一是 Google Maps 中的交通拥堵信息：通过提供位置、行驶速度等关键的个人信息，驾驶员可以从公共数据池中受益，从而缩短通勤时间并避免交通拥堵。然而，要做到这一点，谷歌必须汇总司机的个人位置信息。相反，假如所有司机都想享受数据池带来的好处，但是都不把自己的数据提交给谷歌，那么谷歌也就无法提供交通拥堵信息了。将来，作为司机的你还可以根据自己提供的数据的质量和数量，向谷歌索取一定的报酬呢。

人们可以根据我们留下的"数字面包屑"（digital breadcrumbs），获知我们的身份、角色，了解我们在不同场景下的行为，洞察我们的需求。这使得私人数据（关于个人的数据）无论对于公共利益还是对于私人公司，都具有巨大价值。正如最近欧盟委员会消费者权益保护事务委员梅格莱娜·库内娃（Meglena Kuneva）所提到的："个人数据是互联网的新石油，也是数字世界的新货币。"[14] 查看交互细节的能力非常强大，同时，这种能力也是一把双刃剑。因此，保障个人隐私和自由，对社会的良好发展至关重要。我们需要为公众利益实现更多的数据共享。与此同时，我们也需要更好地保护个人隐私。

一个健康的数据驱动型社会必须能够保证我们的数据不会被滥用，尤其是政府不会滥用权力来访问这些精密数据。权利滥用的方式有很多：根据个人购物历史执行更高的保险费率[15]；限制用户的选择范围，将用户封闭在信息泡沫中，从而给全社会制造麻烦……[16] 为了建设一个新型社会，我们需要"数据新政"，在强调保护公民权利的同时，个人数据可以用于公益目的。[17]

数据新政基于这样一个重要见解：我们的数据在共享时价值更高。总量数据（通常是平均数据、跨人群组合数据和带有高级特征的其他数据）可为公共卫生、交通和政府等系统改进工作提供信息。例如，我们已经证明了，通过有关我们行为方式和流动方向的数据，我们可以最大限度地减少传染病的传播。[18]我们的研究还显示了如何使用数字面包屑来跟踪流感在个体层面的传播。这种方式下，公众利益得到满足：如果我们能看到它，我们就能阻止它。同样，如果我们担心全球变暖，共享的总量数据可以揭示人口流动模式与生产力的关系。[19]反过来，这又使我们能够设计出更具生产力也更节能的城市。然而，要取得这些成果，创造一个更绿色的世界，我们必须能够看到人们的流动模式。这取决于有多少人愿意，即使采用匿名的方式，提供他们的个人数据用于汇总。此外，大数据转型可以提供工具去分析和理解现在需要做的工作，并就如何完成这些工作达成共识，从而帮助我们找到有效的社会治理手段。这意味着我们要做的不仅仅是简单地创建更多的交流平台。有人假设，用户之间更多的交互可以带来更好的决策。其实，这种假设非常具有误导性。虽然最近几年我们看到社交网络在社会活动（例如，政治抗议活动）的组织方面发挥了重要的作用，[20]但是，我们尚未就流行病、气候变化、污染这样的突出问题达成共识，但大数据可以帮助我们达成共识。

然而，实现个人数据和经验的共享要求安全的技术和监管，使个人能够安全方便地与其他人、与企业、与政府共享个人信息。因此，数据新政的核心必须是提供监管标准和经济上的激励措施，鼓励数据的所有者与他人分享数据，为个人和整个社会的利益服务。我们必须促进个人之间更广泛的思想交流，而不应将交流局限于公司或政府部门内部。

个人数据：一种新的资产类别

促进土地和商品流通的第一步是要保障所有权，使人们能够放心地交易。同样，汇聚更多想法和观点，打造更大意识流，即意识流通，第一步是要定义所有权。唯一可行的政治途径是赋予公民关于个人数据的关键权利。自 1995 年以来，这种权利一直是欧盟《隐私条例》的基石。[21]我们必须承认，个人数据是个人的宝贵资产，可以给予企业和政府，但要它们用服务作为回报。

我们可以从英美法关于所有权的占有、使用和处分的相关规定中，推导出数据所有权的定义：

● 你有权拥有关于你的数据。无论何种实体收集数据，数据都属于你，你可以随时访问。数据收集者因此扮演类似于银行的角色，代表他们的"客户"管理数据。

● 你有权完全控制数据的使用。使用条款必须是可选择性的，并用简明的语言进行清楚的阐述。如果你对公司使用你的数据的方式不满意，你可以删除数据，就像你因为银行没有提供令人满意的服务而注销你的银行账户一样。

● 你有权处置或发布你的数据。你可以选择销毁你自己的数据或将其重新部署到别处。

个人数据的个人所有权必须与公司和政府的需求相平衡，以便它们使用某些数据（如账户活动、账单信息等）进行日常运营。因此，数据新政赋予个人拥有、控制和处置自己数据的权利，这同样适用于别人收集的与自己相关的附带数据，例如自己的位置数据和背景数据。这些所有权与现代法律明文规定的所有权不尽相同。实际效果是：数据所有权争端的解决方式与一般标的物所有权（如土地所有权）争端的处置方式不同，前者解决起来更简单。

2007 年，美联社的一位作者首次向世界经济论坛（WEF）提出了"数据新政"这个词。[22]从那时起，这一想法经过了多重讨论，最终，美国于 2012 年制定了《消费者数据权利法案》，随后，欧盟制定了关于个人数据权利的相关宣言。

世界经济论坛同意了欧洲消费者保护专员梅格莱娜·库内娃（Meglena

Kuneva）的观点，将个人数据称为 21 世纪的"新石油"或新资源。[23]当前，"个人数据经济"作为一个产业处于起步阶段，其状态类似于 19世纪 90 年代末的石油工业。当时，政府（建设国有高速公路）、私营部门（开采和提炼石油、制造汽车）和公民（这些服务的用户基础）之间富有成效的合作，使发达国家能够通过开创与汽车和石油工业相宜的新市场，以扩大其经济规模。

如果想让个人数据像"新石油"那样发挥其全球经济潜力，所有利益相关方就必须在建立个人数据生态系统方面开展富有成效的合作。然而，在隐私、财产、全球治理、人权等方面还存在着许多不确定性。这里的不确定性主要是关于谁应该是个人数据产品和服务的受益人。[24]个人数据使用方面的快速技术变化和商业化进程，正在消磨终端用户的信心和信任。

当前的个人数据生态系统支离破碎、效率低下。在吸纳和注册最终用户方面，服务提供商采集用户信息的权力太大了。他们"孤岛"式的个人数据存储库体现了个人数据生态系统的碎片化。而且，这些存储库中存储的数据的质量参差不齐，有些数据是未经验证的人员的属性，而另一些，则是与终端用户的其他数据点相关联的更高质量的数据。对许多人来说，当前数据生态系统的风险和责任超过了它带来的经济回报。除了缺少管理个人数据的基础架构和工具之外，许多终端用户根本看不到充分参与的好处。个人隐私问题没有得到充分解决，或者在大多数情况下根本就被忽视掉了。目前，人们尚未拥有数字经济健康发展所需要的法律和技术基础设施。

最近，我们看到了挑战，但同时也看到了开放私有大数据的可行性。在"发展数据"（Data for Development，D4D）（http：//www. d4d. orange. com）中，电信运营商 Orange 开放了对来自象牙海岸的大量呼叫记录数据集的访问。将数据使用作为挑战的一部分，研究小组们利用这些数据为象牙海岸提出了改变生活的实质建议。例如，一个研究小组为发现疾病在该国的传播途径建立了一个模型。该模型证明，以社会群体成员之间一对一电话交谈为基础的宣传运动可以是一种应对疾病传播的有效策略。[25]然而，数据的发布必须十分谨慎。正如我们在 Netflix 公司数据建模大赛 Netflix Prize 中爆发的隐私灾难[26]和其他类似的隐私泄露事件中所看到的那样，[27]真正做到匿名化是极其困难的。伊维斯－亚历山大·德蒙鸠斯伊等人最近的研究发现[28,29]，虽然人类作为一个整体是可预测的，但其中的每一个人都是独一无二的。仅需访问一个数据集中的几个数据点，就可能足以唯一地识别某人，从而确定其真实身份。

在发布和分析 D4D 数据时，数据生成者的隐私不仅受到技术手段的保护，例如删除个人身份信息（PII），而且受到法律手段的保护，因此研究人员需要签署了一项协议，承诺他们不会把数据用于重新识别（re-identification）或其他恶意目的。通过发布静态数据集（即在某个时间点收集并保持不变的数据集合），从孤岛中打开数据，这一步很重要，但这只是一个开始。当数据实时可用，并且可以成为社会神经系统的一部分时，我们甚至可以做得更多：可以实时监控和预防流行病；[30]学习成绩不佳的学生可以得到帮助；有健康风险的人可以在生病前得到治疗。[31]

世界经济论坛的报告[32]指出了个人数据保护前进的道路，确定了仍需努力的领域：

• 协调关键利益相关方。公民、私营部门和公共部门需要相互支持。美国网络空间可信身份国家战略（NSTIC）[33]等尝试虽然还处于起步阶段，但却为全球合作指明了一个充满希望的方向。

• 视"数据为金钱"。我们需要有一种新的思维方式。在这种思维方式中，访问和处理个人数据项的方式与对待金钱的方式是一样的。这些个人数据会驻留在"账户"中（如同银行账户），账户里的个人数据会被控制、管理、交换和记账，就像今天的银行为储户提供各种服务一样。

• 以终端用户为中心。数据生态系统中的所有各方都要承认，终端用户是共同创造和交换服务和经验的重要而独立的利益相关方。"用户管理的访问"（User Managed Access，UMA）等倡议[30]，提供了以用户为中心并由用户管理的系统设计示例。

在考虑金融业务领域的机会时，企业家可能希望创建新形式的数据经纪人——"数据交易所"，数据交易所将重新为个人赋权并开辟新的收入渠道。

保障信任网络的安全

区块链有可能为新的数据交易提供首要条件：创建可行的"信任网络"（Trust Network）。

信任网络是联网计算机和法律规则的组合，可以定义和管理对有关数据的预期。对于个人数据，这些技术和法律规则网络会跟踪每条数据的用户权限，并充当法律合约，规定如何处理违规情况。

例如，在信任网络中，所有个人数据都可以具有附加标签，表明数据的来源以及数据的用途和禁忌。这些附加标签与所有参与者之间的法律合约条款完全匹配，规定了对于不遵守这些条款的处罚。这些规定可以，而且经常地，辅助或者要求审计相关系统和数据使用情况。这种做法展示了传统的内部控制如何被撬动，从而成为向新型信任模式转型过程中的一部分。精心设计的信任网络，完美地集成了计算机和法律规则。它既允许自动化审计数据的使用情况，又允许个人更改权限和提取数据。

建立和操作信任网络的机制是为应用程序、服务提供商、数据和用户本身创建制度规则。制度规则在信用卡的使用背景中被称为"操作规则"；在身份联盟背景下被称为"信任框架"；在供应链背景中被称为"贸易伙伴协议"。若干个多方共享体系结构和合约规则，为可扩展网络的所有参与者创造了具有约束力的义务和设定了可实现的预期。另外，制度规则还允许参与者广泛分布于各种各样的企业所有权边界、法律治理结构和技术安全域。然而，各方不必为了连接到信任网络而在基本角色、关系和活动等方面保持完全一致或者基本一致。跨域可信系统（Cross-domain Trusted Systems）必须根据其性质把可执行规则严格集中在共同商定的项目上，以便该信任网络实现其目的。

就像某些区块链系统的"智能合约"功能一样，通过把代码引入数据，我们现在可以把数据访问和数据治理规则直接嵌入网络。拥有实现扩大个人对自己数据权限的能力势在必行。

第 4 章 移动货币与移动支付

大卫·舍瑞尔

日耳曼·卡纳莱

阿莱克斯·彭特兰

导言：移动货币与移动支付

货币作为一种媒介可以追溯到公元前 7 世纪的小亚细亚，当时的吕底亚国[1]发行了单面银金材质的硬币。更早的货币可追溯到公元前 8000 年苏美尔帝国[2]使用的黏土代用币。如果我们把货币的定义扩大到易货贸易，我们可以追溯到公元前 12000 年，那时黑曜石和牛是交换的媒介。无论是自然而然地出现并随后受到政府监管的一种社会现象（正如比特币思想家们所主张的那样），还是国家强加的一种控制手段（哈佛法学院的克里斯廷·德桑（Christine Desan）教授所认为的那样[3]），如今，由于采用了一系列数字技术，货币正在经历一系列戏剧性的变化。这些变化反过来推动了一场积极对话，探讨关于政府在货币领域中的作用、公民管理自己金融交换手段的机会以及技术在打开货币技术潘多拉魔盒中的地位。

在一些新兴经济体，移动电话的日益普及正在推动它们的金融基础设施超越发达国家，并且还带来一个充满活力、不断变化的金融创新海洋。在中国，阿里巴巴和微信正在为争当"未来的银行"而竞争。在美国，像 Square 和 Looppay 这样的初创企业为小商户和个人提供了新的支付渠道，增加了小企业的经济潜力，使小企业成为经济增长的重要引擎。

本章将探讨移动货币和移动支付技术领域，当前系统的动态以及未来创新的潜在领域。

4.1 货币的定义

在全球化的世界里，为什么地理位置对货币如此重要？

货币领域不断发展。从最近的发展情况来看，电子货币（e-money）、移动货币（mobile money）与该类"货币"流行的其他叫法之间存在着区别，而这些区别经常会引发一些问题。虽然没有一个普遍认同的术语来界定这类货币，但包括世界银行、GSM 协会和欧盟在内的国际组织已经达成一致意见，准许我们为数字货币下定义，只要这个定义可以为人们广泛接受。在本书中，我们将使用以下定义。

数字货币 （Digital Money）

我们将使用"数字货币"作为涵盖电子货币和移动货币的通用术语。从技术上讲，今天几乎所有的货币都是数字货币，因为一旦把货币存入银行，"货币"就会数字化，转换成若干个数字 1 和 0。在讨论新一轮创新货币的存取、转账和管理等技术时，我们把"数字货币"作为总称。

电子货币 （E – money）

按照欧盟的规定，电子货币是电子货币发行商在收到货币资金后发行的一种用于交易支付、且能够被其他自然人或法人接受的以电子化形式存储的货币价值，该货币表现为持有人对发行人所享有的索偿权。[4]在该定义下，电子货币指的是任何类型的可替代现金的电子化的货币价值。因此，电子货币可以涵盖礼品卡、比特币以及通过 Venmo（PayPal 旗下的移动支付服务）存储的货币价值。从传统意义上讲，电子货币在两大方面不同于银行账户中的货币。首先，电子货币通常不在诸如美国联邦存款保险公司等金融机构的保护对象之列。其次，电子货币通常没有利息获利。

移动货币 （Mobile Money）

移动货币指的是通过移动电话获得的各种金融服务。[5]迄今为止，购买通话时间、支付账单和汇款是大多数移动货币的主要用途。[6]相比之下，手机银行业务具体指的是与银行账户相关联的金融服务，如存款、取款或账单支付。

虽然移动货币会涉及电子货币的存取，但令人惊讶的是，大多数移动货币服务仍然主要以现金为基础，服务提供商充当现金中介。正是由于移动货币仍然以现金为基础的这一特点，人们预计移动货币的发展将有助于普惠金融服务。截至 2012 年，全球范围内没有金融账户的人数达到 25 亿，但其中 17 亿人拥有移动电话。[7]截至 2012 年，肯尼亚、马达加斯加、坦桑尼亚和乌干达的移动货币账户数量多于传统银行账户数。[8]

4.2 货币技术的发展

今天，在描述货币时，许多人会联想到纸质、金属和塑料等材质的货币。但随着电子货币和移动银行业务的兴起，以后再次提到货币，人们可能很快会联想到移动应用程序。虽然电子货币和移动银行业务仍处于业务发展的早期阶段，但社会对移动货币的日益认可为新的商业模式铺平了道路。同时，这些业务也引发了人们对货币以及货币与技术、地理和金融准入之间关系的思考。

从某些方面来说，货币的最新发展代表着一种数字化回归，即回归到类似于货币出现的初期，货币的概念回归到数字化的以物易物（Digital Bartering），货币价值也不受监管，由人们单独私下商定。在阐明移动货币产生的潜在影响之前，我们首先对货币的定义和货币技术的演变达成共识：

> 货币指的是明确可识别的价值对象，在市场内得到普遍认可，并且可以用来支付货物、服务的价款和偿还债务，或以类似于国家

金融科技前沿

法定货币的方式运作。

最早的货币概念与易货制度有关，其历史几乎与人类历史一样长。亚里士多德在公元前 350 年设想："我们所拥有的一切事物都有两种用途，两者都属于事物本身，但是方式不一，一种用途是正当的，另一种是不当的或次要的。例如，鞋子是用来穿的，也是用来交换的。"[9]易货制度在根本上有一些关键缺陷。首先，易货制度下的交易双方必须同时产生对货物的需求，或者说，交易受到交易双方对于对方货物需求程度的限制。其次，销售、交换、购买，所有这些交易步骤都被压缩成了一个步骤。

易货的缺陷问题促成了货币技术的第一次重大发展。货币是交换和价值存储的手段。货币成为一种记账单位以后，交易变得更加便捷。[10]公元前 600 年，阿利亚特国王在吕底亚（今土耳其）创造了一种早期的硬币货币。一个世纪后，中国创造了第一种纸币，但直到 1661 年纸币才在瑞典大受欢迎。伴随着货币技术的发展，人类成立了许多金融机构，后来便有了银行、信用证这些专业术语。货币技术提高了货币的可互换性和实用性。1946 年，人们发明了第一张现代信用卡。在此之前，货币一直相对稳定，没有太多变化。20 世纪 60 年代和 70 年代，自动柜员机出现了，并得到时任花旗银行业务主管约翰·里德（John Reed）的大力推广。自此，零售银行业务实现了计算机化。20 世纪 90 年代，包括 Flooz 在内的许多公司开始尝试各种数字货币技术。1999 年，欧洲的银行首次通过短信进行移动银行交易。[11]有趣的是，虽然人们认为非接触式移动支付是最新的发展成果，但这种支付方式其实起源于 1997 年。当时，美孚石油加油站配备了无线射频识别技术（RFID），使人们可以使用"快速通道"这一支付系统进行支付。[12]

2008 年，中本聪（Satoshi Nakamoto）把比特币介绍给了世界。比特币是第一种人类广泛采用的全数字、分散式加密数字货币技术。[13]中国[14]、英国[15]、日本[16]甚至梵蒂冈[17]等这样的主权国家都在探索自己的电子加密数字货币，并通过把数字货币纳入其现有监管模式，使数字货币合法化。而巴巴多斯[18]这样的离岸金融机构的税收避风港，既发行法定数字货币，又积极吸引致力于数字货币的初创企业。

如果某物具有价值储存的重要属性，就可以被视为有效货币。首先，有效货币是买卖双方商定的交换媒介。其次，有效货币的交换效率高，比如，纸币就比金砖的交换效率更高。最后，在人们眼中，有效货币应该是可靠的。虽然在短期内有效货币可能会出现经济问题，但一种货币要长期持续地发挥作用，就必须让人们相信该货币在未来仍然是一种价值储存的手段。

交换效率深受货币技术的影响。交换效率的变革既有助于推广新货币技术，也有助于改变人们的消费行为。

有一个实例反映了非接触式支付。万事达卡有一项研究，根据万事达卡 PayPass 的注册情况，研究注册用户在 15 个月内的消费习惯。该研究表明，在第一次非接触式交易的 12 个月内，这些注册了 PayPass 功能的持卡用户平均消费增加了近 30%。PayPass 让持卡用户在注册前预设高、中、低档消费模式，这一做法非常周全，也非常正确。此外，经常性支付、电子商务和跨境支出等支付首选行为也显著增加，而这三种消费模式的账户在跨境支出的增长均超过 50%。根据万事达顾问公司负责人兼研究主管乔纳森·奥恩多夫（Jonathan Orndorff）的说法，"在我们的最高档消费模式中，这种支出增长意味着每月大约 600 美元的消费增量。……支出的数量和质量都得到了提高，这也有助于促进非接触式交易业务的发展。"[19]

提高支付效率可以刺激消费，这是金融科技企业致力于非接触式业务的强大动力。一个有意思的问题出现了：宽松货币的理想水平是什么呢？如果没有看得见、摸得着的实物货币，人们是否会失去对价值的理解呢？如果花钱太容易，那么像超支和冲动购物之类的不良行为是否会增多，从而损害人们的长期财务健康呢？

从传统意义上讲，地理位置尽管是普惠金融的障碍，但在货币方面也发挥着关键作用。过去，受地理位置相邻的限制，人们不能获得足够大的买方市场和卖方市场。为了确保有效货币的可靠性，政府边界、国家利益也与地理位置和货币纠缠在一起。事实证明，这种关系十分复杂，地理位置偏远和金融机构缺乏成为享有金融服务的最大障碍。

甚至在世界日益互通互联的今天，那些由于地理位置偏远而没有足够的金融基础设施因而无法获得金融服务的人们，更容易在传统银行系统中被边缘化，也更容易被人利用而受到伤害。通过电信网络提供的移动货币有助于填补这一鸿沟，因此移动货币等技术可以成为经济增长和扶贫的关键驱动力。更广的金融服务覆盖面可以创造就业机会，降低经济的脆弱性，还可以增加对人力资本的投资。从社会和收入的角度来看，普惠金融远非零和博弈，它具有巨大的影响潜力。在本章中，我们将介绍一些团队是如何利用移动货币带来的机会来吸引新客户、开发产品和开拓市场的。

4.3　移动货币生态系统

"传统零售业的三大规则就是位置、位置、位置。在移动货币的范畴里，零售业的三大规则是伙伴关系、伙伴关系、伙伴关系。我们需要建立一个涵盖各种关系网的伙伴关系网。"[20]正如 Smart Communications 总裁拿破仑·纳萨雷诺（Napoleon Nazareno）所强调的那样，高度发达的互联网络对于移动货币生态系统至关重要。为此，这种互联网络正在全球范围内发展，企业无论入行多久，无论规模大小，都想参与其中。网络是经营环境的一个关键组成部分。传统行业的界限日益模糊，特别是移动服务提供商与金融机构，这为新的商业模式带来了机会，同时也带来了竞争威胁。这些威胁往往来自料想不到的行业。从端到端的角度来看，一些关键的影响包括但不限于：

当这些参与者相互协作时，协作的成果会带来重大变化。M - Pesa

是肯尼亚 Pesa 货币的一种移动电子货币产品。推广该货币产品的意义重大。截至 2013 年，肯尼亚 93% 的成年人注册了 M - Pesa，其中 60% 是该项服务的积极用户。M - Pesa 的影响要广泛得多，因为它促进了成千上万小企业的创建，使近 2000 万肯尼亚人，尤其是肯尼亚人的低收入阶层，获得了金融服务。在每天生活费不到 1.25 美元的人口中，使用 M - Pesa 的比例在 2008 年不到 20%，经过三年的发展，该比例增长到了 72%。[21]

M - Pesa 起源于科研。英国国际发展部（DFID）注意到，肯尼亚人以手机通话时间作为现金的替代品进行交易。英国国际发展部看到了尚未满足的需求。通信服务提供商沃达丰（Vodafone）也在寻找通过其移动平台来支持小额金融的机会。于是英国国际发展部与沃达丰建立了合作，各自进行了 100 万英镑的配套投资。移动网络运营商（MNOs）通过其更高水平的投资和现有网络及分销渠道，成为移动货币领域的推动者。根据全球移动系统协会的数据，2014 年，89 个国家共有 255 项移动货币服务，发展中国家占其中的 60%。

M - Pesa 也凸显了这些参与者之间的一些紧张关系，特别是移动网络运营商和金融公司之间。移动网络运营商已经开始涉足金融领域，同时金融公司也开始进入对方的领域。Safaricom 作为唯一授权的移动货币服务提供商，几乎享有垄断地位。2014 年，又有三家移动网络运营商获得授权，其中包括肯尼亚最赚钱的银行 Equity Group。这些公司都使用 Safaricom 的最大竞争对手 Airtel 的移动网络。Equity Group 开始提供免费 SIM 卡以扩大使用范围，截至 2015 年年中，其客户人数超过 65 万。比特币的竞争对手，如 Bitpesa，也在极力获取更多的市场份额。虽然 M - Pesa 在肯尼亚 2600 万移动消费者中仍拥有 2000 万移动消费者，但竞争正在进行，这将有利于私人和公共利益。[22]

如上文所述，大多数移动交易仍然涉及现金的某些组成部分。这使参与其中的雇主和代理商成为焦点。零售商接受移动支付显然是一个使用实例，但对于使用移动支付发工资的雇主，人们仍然不太了解，因为这还是一个新生领域。根据世界银行的数据，只有1%多一点的雇员通过手机领取工资。在非洲撒哈拉以南的发展中国家，这里的情况显然大不相同。在那里，7.8%的雇员通过手机领取工资，[23] 低收入和高收入群体之间在现金与直接转账方面存在着显著差异，其中的原因不言而喻。其图表比较如下。现金工资给雇员和雇主带来风险。使用移动系统既可以省去现金随身保存的麻烦，也可以减少人们到银行办理业务的次数，而这两种保存和处理方式都有较高的被盗风险。使用移动系统也是一种更加高效地管理薪资和跟踪资金走向的方法。已经从移动支付中受益的那些零售商，也可以将移动支付的收益惠及其员工。

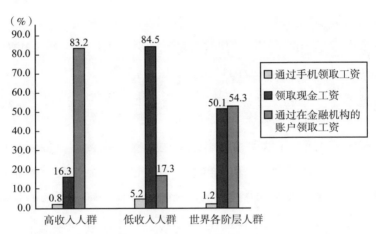

图4.1　2014年全球不同收入水平人群与工资支付方式对比

资料来源：世界银行集团；全球金融包容性指数数据库。

我们不应低估代理商在这一生态系统中的作用，特别是对于发展中国家而言。移动货币服务提供商与代理商签订合约，方便用户进行交易。2012年麦肯锡公司对新兴市场的移动货币提供商进行了一项研究，调查许多解决方案未能实现规模化、可持续应用的原因，发现"执行"是问题的结症。更具体地说，糟糕的代理网络是最大的因素，引人注目的产品和坚守公司的承诺是关键因素。[24] 通常，人们认为代理商最重要的功能是为客户提供现金进出服务。在实物现金和电子货币方面，变现能力往往是客户感受到的限制性因素。同样，变现能力也是代理商面临的挑战，因此我们需要一个超级代理商或更大的中介代理商。虽然变现能力是当前的障碍，但这些障碍都是可以克服的物流问题。

可以说，代理商在主要零售业务的拓展中所起到的作用更为重要。从根本上讲，代理商处在服务客户的一线，他们的工作关系着企业信誉和客户教育的成败。而且，这两者都直接影响着交易的活跃度。然而，很多时候代理商并没有积极性去培训客户，或者他们缺少这方面的训练。比尔及梅琳达·盖茨基金会（Gates Foundation）估计，代理商必须每天处理 30~50 笔交易，他们的业务才能生存，因为大多数代理商靠赚取佣金运营。代理商可能需要一年以上的时间才能盈利。因此除了移动货币外，代理商通常还从事其他类型的业务。这意味着培训新的移动货币客户去使用移动服务充其量只能算是代理商的副业。在推动其他业务的同时，最糟糕的事情是代理商误导了客户。不同的国家对代理人有着不同的监管制度，这凸显了移动货币监管工作的另一大困难。随着全球移动货币生态系统的成形，全球范围内的各国监管机构也应运而生。

"当监管机构在发展市场方面发挥领导作用，它们就会创新，冒着创新活动所固有的合理风险，去创建一个更加包容的金融行业。虽然监管机构主要关注的是金融体系的安全和稳健，但他们也愿意探索新途径或使用新工具，促进传统的金融活动。"[25]

肯尼亚中央银行行长恩朱古纳·尼敦古（Njuguna Ndung'u）教授表示，监管机构的责任可以总结为两个概念：保护和创新便利化。虽然保护十分重要，但监管机构有机会通过移动货币和涵盖范围更广的金融科技，对普惠金融和经济繁荣产生巨大的影响。在移动货币领域，创新便利涉及对互操作性的重视程度，并日益成为全球协作的领导者。

同时，监管机构需要处理新的问题，例如，在电子货币领域的立场，处理非银行机构推出的金融产品或邻近产品。过去具有明确职能的领域，如银行和电信提供商，都有分工明确的专业化监管机构。监管工作不仅需要跨越行业，现在还需要跨越国界。跨境支付和跨境产品越来越明确地表明，有必要在技术标准和政策方面进行更加协调的监管。这种监管上的协调需要认真权衡所有国家的利益。

人们已经看到了这方面取得的一些进展。金融行动专责委员会（Financial Action Task Force, FATF）是政府间组织，制定了针对洗钱和恐怖主义融资的有关政策。2013 年，该组织首次发布了关于预付卡、移动支付和互联网支付服务的指导文件。该组织制定的防范洗钱和恐怖主义融资的方法，覆盖了从肯尼亚到巴基斯坦几乎所有主要的移动货币市场。在这些市场，洗钱和恐怖主义融资的风险最高。金融行动专责委员会为各国监管机构留有很大自主权，以便这些监管机构可以使用最适合的方法监管移动货币服务，促进普惠金融和创新活动。

有了统一的监管环境，移动货币交易和服务的范围最终将与目前的金融服务范围一样广泛。其中一个主要实例就是信用评分。传统的信用评分在一定程度上建立在已有信用的基础上。这是获得金融服务的内在障碍（如果你以前没有信用记录，便无法获得信用）。麻省理工学院的研究团队想知道，利用移动数据（人们如何移动以及在哪里购物）能否更好地预测某人在未来出现的财务困难，例如账户透支或拖欠款项。

该团队利用交易数据和位置（移动的地理位置信息）数据分析了数十万笔交易，根据动物觅食和行为模式创建了预测模型，这些模型在预测财务困难方面比传统人口统计模型要准确 30% ~ 49%。[26] 深层次地理解客户行为意味着银行可以在客户出现财务困难之前与客户合作，帮助他们做出更好的财务决策。

4.4   移动交易

在移动交易中，投资者可以通过智能手机访问交易平台或直接与经纪商联系，而不是仅仅使用桌面电脑完成交易。移动交易是在线交易的业务拓展，因为移动设备已成为接入互联网的主要渠道。根据 2015 年 Ofcom Technology 公司的数据，33% 的互联网连接是通过智能手机进行的，其次是笔记本电脑（30%）、平板电脑（19%）和台式电脑（14%）。[27]

1982 年，北美控股公司（North American Holding Corp）推出的第一个服务电子消费者权益交易系统 NAICO – NET 上线了。该系统用于在计算机上在线买卖股票、共同基金和商品。[28]由威廉·波特（William Porter）和伯纳德·纽科姆（Bernard Newcomb）创建的 TradePlus 于 1985 年推出了零售交易平台。这些创始人后来在 1991 年创立了 E – trade，并通过美国在线和全球第一家网络服务提供商 Compuserve 提供贸易服务。E – trade 从 2010 年开始创建移动交易平台，目前该平台市值近 70 亿美元。

20 世纪 90 年代，Charles Schwab 和 TD Ameritrade 等零售经纪商也在网络市场上市。[29]今天，虽然 Charles Schwab、TD Ameritrade、富达（Fidelity）和 Merrill Edge 等传统经纪商仍然是移动交易行业的主导企业，但新近加入的初创企业能够带来更多的创新成果。我们看到整个在线零售贸易行业有四大趋势：（1）移动应用程序激增；（2）降低收费、扫清障碍，以降低准入门槛；（3）社交功能日益强大、信息众包的渠道日益增多；（4）功能更加先进。这些趋势的实例包括：

- **移动应用程序**：上文提到的四个传统经纪商都提供了移动应用程序。移动应用程序的功能正成为在线零售经纪公司的行业标准。商业智能公司 ORC International for Fidelity 最近进行的一项研究显示，56% 的移动用户通过访问金融应用程序来执行复杂的投资任务，如分析、报告和交易等。[30]2013 年 12 月，移动交易占所有零售交易的 5.5%，但在 2014 年 12 月，这一占比超过 7%，实现了 43.7% 的增长。[31]

- **降低收费、减少障碍，以降低准入门槛**：例如，股票交易平台 Robinhood 对在美国上市的股票和交易所交易基金（exchange-traded funds，ETFs）提供免佣金交易服务，而传统股票交易平台每笔交易收取的佣金是 6.99 ~ 9.99 美元。

- **社交功能和众包的信息来源**：例如，在线众包平台 Estimize[32]和

Vetr[33]为股票市场提供众包评级和数据。

- **功能更加完善**：投资平台 Motif Investing 帮助人们建立主题投资组合。[34]

截至 2016 年 4 月，三大在线经纪商 Charles Schwab[35]、E＊TRADE[36]和 TD Ameritrade[37]共同管控着 2000 万个账户，共计 3.6 万亿美元的资产。然而，该投资行业正处于分裂期，无佣金在线经纪商（如 Robinhood 和 Loyal）进一步挤压了利润率。

Robinhood 已经筹集了 6600 多万美元的风险资金，计划从保证金账户（投资者借钱购买证券的账户）中获利，而该类账户目前正处于测试阶段。此外，Robinhood 也计划从客户的未投资现金余额中获取应计利息以实现盈利。[38]

Motif Investing 有 1.265 亿美元的资金作为后盾。它收取的每笔主题投资的佣金为 9.95 美元，每只股票投资的佣金为 4.95 美元。富达、Charles Schwab 和 Ameritrade 每笔交易收取的佣金在 7.95～9.95 美元之间。[39]

FeeX 是一家初创企业，该公司公开了金融服务（尤其是资产管理服务）中的各项"隐性费用"，并试图帮助客户减免原本需要支付给金融服务商的费用。据悉，这笔减免费用总计可高达每年 60000 亿美元。[40]消费者变得越来越精明，决策分析工具也将变得越来越重要。

越过交易平台，进入科技咨询领域，美国资产投资管理公司 Personal Capital、金融咨询公司 Wealthfront 和在线投资公司 Betterment 凭借更加新禧代友好型的做法（Milennial-friendly approach），给传统的财产和资产管理公司带去了重大挑战。2015 年的夏天，全球最大的投资管理公司贝莱德（BlackRock）收购了在线金融投资咨询公司 FutureAdvisor，以便在这个不断变化的环境中保持竞争力。[41]

在即将发表的论文《人工智能与金融服务》中，我们会更为详尽地探讨使用机器人为人类的投资提供咨询服务。

4.5 资金转账

在线 P2P 资金转账允许消费者快速、轻松地互相转账，而不必处理支票开具、支票邮寄或者现金转账等烦琐过程。在线资金转账不会受到消费者转账地点的限制；只要有互联网连接，或者有相应的国际移动漫游服务，那么无论是一墙之隔，还是相距千里之遥，通过应用软件支付租金的效果别无二致。在这一小节，我们将首先探讨一般情况下的 P2P 资金转账，然后在下一小节中讨论国际汇款。

在 21 世纪，我们迎来了 P2P 在线支付的新时代，这与 PayPal 的发展息息相关。现在，许多传统银行的业务都可以使用 P2P 在线支付轻松完成。例如，美国银行允许客户仅使用接收方的电话号码或电子邮件地址向朋友汇付款项。[42]除传统银行外，金融科技类和消费科技类公司的平台也提供各种 P2P 支付业务，这些业务通常很好地集成了消息推送功能或社交功能。

PayPal 的几个创始人于 1998 年共同联手，成立了一家网络公司 X. com，PayPal 很快成为该公司的首要焦点。在线交易市场显然需要一种让消费者快速、安全地在线转账的渠道，PayPal 发现了其中的商机。2000 年，PayPal 与 eBay 建立了合作伙伴关系，其账户基数增至 10 万。[43]如今，PayPal 拥有 1.84 亿活跃客户账户，可以支持 200 多个市场，实现 100 多种货币的支付。[44]PayPal 提供免费的 P2P 支付服务，其收益来源于每笔在线交易时产生时向商家收取的服务费。

如今，PayPal 正面临其他"数字钱包"服务公司的竞争。Venmo 是一个免费的数字钱包服务，可以实现朋友之间的互相支付。Venmo 将目标客户锁定在千禧一代（Millennials）。因为这个年龄段的用户更喜欢拆分饭店账单和出租车账单。Venmo 具有社交功能，人们可以在类似于"脸书墙"（Facebook wall）的页面中上传账单。2012 年，支付平台

Braintree 以 2600 万美元收购了 Venmo。仅一年后，PayPal 又以 8 亿美元收购了 Braintree。[45]

除了金融科技公司外，消费科技类公司也把 P2P 支付作为在线支付领域的门户。微信是一款广受欢迎的社交信息应用程序，集成了包括移动支付在内的许多功能。微信每月有 7 亿活跃用户，其中 2 亿用户关联了银行账户。[46]Facebook 正在效仿这一做法，并于 2015 年推出 P2P 支付服务，而该支付服务通过短信完成。[47]科技巨头谷歌则推出了谷歌钱包，允许人们使用电子邮件地址或电话号码进行即时 P2P 支付[48]。

在美国，许多 P2P 支付平台都是免费的。其盈利主要通过帮助消费者与企业建立联系来实现。P2P 支付采用的是一种"客户获取策略"（customer acquisition strategy）。这种策略使平台能够轻松地获取注册信息，以协助商品交易。微信已准许微商与用户实现在线支付。[49]被 PayPal 收购之后，Venmo 也开放了向商家支付的服务。[50]其他平台也可能朝着这个方向发展。

消息类手机应用程序都陆续集成了支付功能，这种趋势会继续流行。各种社交平台现在都可以支持 P2P 在线支付，而且支付方式也更加便捷。P2P 支付功能集成到社交共享类应用程序里，成为朋友间通信之外的又一扩展，支付能力可以与 Venmo 的能力相媲美。

4.6   国际汇款

根据世界银行的数据，移民会把在国外的收入汇给自己的国内家人，其数额超过 4410 亿美元，这是官方援助资金流的 3 倍。这些汇付的现金占 25 个发展中国家国内生产总值总和的 10% 以上。2015 年收到汇款最多的国家是印度、中国、菲律宾、墨西哥和法国，最大的汇款来源国是美国、沙特阿拉伯、俄罗斯、瑞士和德国。最大的汇款走廊分别是美国到墨西哥（252 亿美元）、美国到中国（163 亿美元）、中国香港特区到中国内地（156 亿美元）。[51]

这里的汇款涵盖各种各样的交易，包括个人转账、员工报酬、家庭成员之间的资金转账、社会福利。其中，个人转账包括居民户与非居民户之间的转账，不论收款人是否为家庭成员。[52]这意味着汇款是所有消费者之间进行国际货币转账的一个重要组成部分，这也是本节要讨论的重点。

国际货币转账的参与者包括银行、拥有实体分支机构的货币转账公司（如西联汇款和速汇金）、利用在线和移动平台的金融科技初创企业。传统上，汇款公司有一个分支机构组成的实体网络，这些分支机构可以是设在银行、邮局和商店的营业网点，也可能是当地社区的代理机构。

有关报告称，金融科技初创企业平均收取的汇款手续费为银行手续费的四分之一，因此具有十分明显的战略性优势，并在该行业形成激烈的价格竞争格局。降低成本的主要方法是减少实体经营的运营费用。资金转账的成本超过转账资金的 10% ~ 20%，因此还有很大的改进空间。[53]

基础设施的技术革新可以减少资金转账耗用的时间。相应地，如果在汇款公司收到资金之前款项就已经成功汇到收款人账户的话，就可以减轻汇款公司的责任负担。Ripple 协议就是这样一种开源的分布式账簿（区块链）应用程序，它可以支持多种货币交换的支付网络。该协议支持实时的价值交换，而不像在 ACH 支付网络上那样一天清算一次。[54]

然而，欺诈和违规问题给金融科技初创企业和传统的汇款公司带来了巨大的损失。Inigio Rumayor 是 Regalii 是全球账单管理的一站式 API——Regalii 的创始人。他认为解决在线欺诈是他遇到的头号难题。汇款欺诈特别有利可图，许多提供快速或即时汇款的公司往往担负着巨大的责任，因为资金可能在汇款公司收到资金之前就汇给了收款人。[55]欺诈问题并不仅限于在线或移动设备。西联汇款在其网站上列出了欺诈类型，特别地罗列了欺诈者通过电话或纸质信件实施诈骗的欺诈类型。[56]

金融科技前沿

合规成本也可能是初创企业的一大负担。例如，美国的初创企业不仅需要遵守联邦法规，还需要遵守州法规。这意味着，初创企业可能需要在两年时间内花费 300 万美元才能注册为一家汇款公司。[57]

Sendwave 网站就是一个具有巨大社会影响的成功案例。Sendwave 可以实现从美国和加拿大到非洲的即时免费汇款。免费汇款是一项非常及时的创新，因为向撒哈拉以南非洲地区汇款仍然极其昂贵，手续费平均为汇款金额的 9.53%。[58]西联汇款和速汇金等公司在汇率和手续费方面获利，而 Sendwave 只在汇率方面获利。Sendwave 提供在线汇款服务，节省了实体基础设施等的成本。该公司宣称，其每 100 美元转账可为客户节省 9 美元。[59]鉴于汇款在低收入人群中很普遍，降低汇款成本可提高收款家庭的有效购买力。

与之类似，B2B 模式的公司也可以通过提供支持性基础设施而获得成功。CurrencyCloud 是一家总部位于英国的跨境货币转账服务提供商，它已筹集到 3500 万美元，其客户包括 Azimo、TransferWise 和 xe. com。[60]

由于网络安全方面的挑战和合规成本，指望靠成本取胜的新金融科技公司利润很低。哪家金融科技公司能成为像西联汇款和速汇金这样的龙头企业，人们仍需拭目以待。

4.7　移动支付

在金融监管下通过移动设备进行支付，我们称之为移动支付。消费者不使用钞票、硬币、银行卡或支票，而是使用他们的移动设备（通常是智能手机）来支付商品和服务的价款。

除了给用户（消费者和企业）带来显而易见的便利之外，这种支付方式给多个非银行公司（亚马逊、苹果、AT&T 公司，等等）带来了巨大的问题，因为我们能够更直接地访问到数以百万计消费者的交易数据。这种交易数据非常有价值，因为它可以帮助企业增长利润，也可以方便政府实施监管和税收。

企业可以通过多种方式从这一支付趋势中获益。以下是一些公司通过不同方式途径，在移动支付领域获得蓬勃发展的例子。

- 像谷歌这样的大公司已经进入了移动支付领域。总部位于山景城的谷歌公司创建了"谷歌钱包"（Google Wallet），试图打造用户专属型移动支付平台。就像大多数谷歌涉足的项目一样，其最大的价值不是来自操作本身，而是来自操作生成的数据。

- 像达美乐比萨这样的中型公司也进入了移动支付领域。对于大多数零售商来说，目标是促进移动支付。现在，你可以点一个比萨，并且在几秒钟内就能完成付款。当然，移动支付的影响在于通过利用技术来捍卫（理想地增加）市场份额、收入和利润。

- 像 Venmo 这样的初创公司，其成立的唯一目的就是在移动支付领域发挥作用。Venmo 公司的解决方案成为一种在朋友之间收取和支付资金的便捷方式，因此吸引了收购方 Braintree。在 2012 年 Braintree 收购了 Venmo，然后 PayPal 在 2013 年收购了 Braintree。六个月前，PayPal 宣布计划，让商家通过 Venmo 收款。

各规模的公司都在进军移动支付领域。其中，有些公司（例如谷歌）通过创建新的业务部门进入移动支付领域，另一些（如达美乐）通过补充其当前运营方式的创新型服务进入，还有一些（如 Venmo）则是被较大的组织或投资公司收购后，由购方领进这一领域。

4.8　预测不远的未来

"自 20 世纪 70 年代以来，我们进入了金融服务变革最深刻的时代，企业为我们带来了指数型共同基金、贴现经纪人和自动取款机。"

——B. I. Intelligence（科技媒体《商业内幕》旗下的市场调研部门）[61]

金融科技前沿

金融生态系统中的老牌企业和新晋企业正在开展激烈竞争，而颠覆性技术和用户适应更是加剧了竞争局面。为理解这种竞争，我们可以观察：（1）传统银行和在线银行之间的竞争；（2）零售贷款机构和 P2P 市场（peer-to-peer marketplace）之间的竞争；（3）传统资产管理公司和机器人投资顾问之间的竞争。在这三类竞争中，老牌企业和新晋公司双方都有赢家和输家，所有企业都需要借助新金融科技的力量。比特币是第一种基于区块链的货币，它的传播速度比几乎任何其他技术快，甚至比万维网和移动宽带更快。比特币不是第一种加密数字货币，也很可能不是最后一种。据《比特币杂志》介绍，荷兰在 20 世纪 80 年代率先推行了加密数字货币。[62] 然而，可以肯定的是，比特币是现有新一代加密数字货币中，得到最广泛公认和使用的加密数字货币。

在第 1 章中，我们讨论了比特币背后的技术基础。区块链是一项技术创新，它使各方通过在更可信、更安全的网络上分配数据访问权限，从而进行透明交互。

• 区块链不仅可能颠覆金融服务业，还可能颠覆更多的其他行业，包括医疗、物流和房地产。

• 区块链领域的风险投资在 2015 年达到 10 亿美元，预计在 2016 年将增长到 100 亿美元。[63]

我们预计，在不久的将来，数以百万计来自不同行业和地区的人们将使用基于区块链的货币。这种货币可能是、也可能不是比特币的一种改进形式，因为比特币的"当前迭代"（current iteration）面临着一些监管和功能方面的挑战。许多开发人员和企业家正在努力解决这些问题。

与此同时，各国央行正在考虑发行加密数字货币。发行加密数字货币的意义是多方面的，这包括提供给现有商业银行的，基于其财务基础方面的基本线索（如果你无须先把钱存入银行，才能获得电子转账的权利，而是直接使用"Britcoin"，那么英国的商业银行将失去一个极其易得的融资来源：客户存款）。

除了加密数字货币之外，其他形式的货币包括但不限于：

（1）通话时间：使用手机的预付费通话时间作为货币，麻省理工学院的衍生公司 Jana Communications 也通过这种货币方式运营；

（2）礼品卡：预先支付的优惠券，可在选定的公司交换产品/服务；

（3）"忠诚计划"积分（Loyalty program-based points）：可以把选定品牌和公司的积分转化为金钱。

这些货币的替代形式在全球范围内仍然广泛使用。根据《经济学人》的说法，"在科特迪瓦、埃及、加纳和乌干达，预付费通话时间可以换成现金或者在商店消费，而且十分方便"。[64]受欢迎的零售商，包括"香蕉共和国"、"梅西百货"和"维多利亚的秘密"，仍然大力推广礼品卡。航空公司不仅继续推广忠诚度计划，而且还推动其与其他公司的整合，以便顾客可以使用飞行里程来支付酒店住宿费用等。

然而，所有这些"替代货币"都没有达到新一代加密数字货币带来的颠覆程度。

"金融监管将会变成披着羊皮的狼，这是一个非常真实的危险。"

——亨利·保尔森（Henry Paulson）

本章无意讨论公共政策。然而我们必须强调，各国政府在移动支付方面面临着双重挑战。一方面，监管者需要制定符合法治、对社会公平的规范。另一方面，监管者不能阻止创新。在一个特别动态的行业，要平衡这两方面是非常不容易做到的。

我们相信，包括移动货币在内的金融科技革命将最终改变国民经济中的每一个行业。在接下来的几个月和几年中，我们预计金融服务部门尤为如此。这些受影响的金融服务部门包括支付、贷款、零售和机构银行、资产管理、保险以及市场/交易所。

移动货币引入了一种适用于大众市场的商业模式：规模大、利润率低。随着智能手机的数量与日俱增，潜在的移动货币用户数量也在增加[65]。预计到 2020 年，非洲将有 5 亿部智能手机（其中 80％ 将在未来几年内部署），向"最后一个前沿市场"的转型可能即将到来[66]。

创业行动有可能颠覆现有的金融生态系统，并以更低的价格向消费者提供更好的服务。这将动摇老牌银行和其他老牌金融机构的稳定性。因此，我们给大家留下这样一个问题：我们该如何驾驭这种颠覆性，使它对社会的伤害程度最小化呢？

第 5 章　预测市场

大卫·舍瑞尔

达瓦·阿德乔达

吴伟格（音译）

阿莱克斯·彭特兰

5.1　第一牛市

导言

"预测市场"（prediction markets）技术是一种利用网络化智能预测未来事件的强大工具。2005 年前后，预测市场的潜力曾一度令人兴奋，但由于其准确性和可靠性不尽如人意，人们对它的热情也逐渐冷却了。如今，人机系统的发展日新月异，激励着人们重新审视这门技术。

预测市场的起源

查尔斯·达尔文（Charles Darwin）的表弟弗朗西斯·高尔顿（Francis Galton）是一位知识渊博的博学家，他开创性地提出了统计学里"相关系数"这一概念。1906 年，在英国普利茅斯，高尔顿观看了一场估算公牛重量的比赛。800 名参赛者以 6 便士的价格购买了加盖印章和编号的卡片，用来记录自己估计的公牛重量[1]。高尔顿发现，虽然一般参赛者不可能是这方面的专家，然而他们却能对牛的重量做出恰当的估重，这好比在大选之日，选民能够判断出大多数政治问题的功过是非[2]。在这场比赛中，人们的估计是惊人地准确，参赛者估重的中位数与实际重量的偏差在 0.8% 以内[3]，平均数与实际重量的偏差在 0.08% 以内。[4]高尔顿总结道：民主判断的信誉可以使结果更有利，而这是他预料之外的。[5]流传至今的这个故事，讲述的就是我们所说的"大众智慧"。

从"高尔顿的牛"这个故事，我们可以大致得到这么一个概念：许多人的观点综合在一起，就可以对结果进行很好的预测，即便大多数人并不是传统意义上的专家。"大众智慧"是在我们探索预测市场的过程中的一个主要研究课题。

预测市场的定义

预测市场指的是运用预测分析方法对未来状态进行预测的市场。在这里，我们使用一个宽泛的定义。"预测市场"一词有时仅指可以预测出事件结果的市场。在本章，我们将讲述如何预测不同资产的价格，其中包括用来识别模式、预测价格走势的期货市场和对冲基金。

政治预测市场可以追溯到 16 世纪，在当时，对下一任教皇人选下赌注是司空见惯的事。直到 1591 年，教宗格列高利十四世禁止了这种赌局。[6] 20 世纪初，人们每天都可以在《纽约时报》等报纸上看到赌博赔率的信息。在博彩业再次兴起之前，科学统筹法[7]出现了，人们也就不再那么热衷于赌博赔率了。

自 1998 年以来，艾奥瓦州电子市场允许相关学校的学生签订各种合约来投资和交易。透过股价的变化，人们可以预测出未来事件发生的概率。正因为如此，学生通过购买股票预测未来事件。最为人熟知的是有些学生热衷于进行与政治进程的结果相关的股票交易。同时，也有些学生从事公司股价、季度收益、电影票房收入等方面的交易。[8] PredictIt 网站的运作方式与此类似，用户（不一定是学生）可以购买股票预测未来政治事件的结果，如英国退出欧盟、欧佩克配额削减、朝鲜氢弹试验等事件。[9]

期货市场起源于 18 世纪 30 年代的日本，预测的是实物标的资产的价格，而不是事件发生的概率。当时，日本武士的俸禄通过稻米计算。在水稻丰收、稻米价格走低的年景，武士们的购买力就会受到严重的影响，也正因为如此，他们发明了稻米期货。在一个世纪后的 1848 年，世界上第一个期货交易所芝加哥商品交易所成立了。[10]在期货市场，实物标的资产及其价格也可能包含未来事件的概率信息。1984 年，经济学家研究了柑橘期货与天气的关系。由于柑橘树经不起几个小时的严寒，这些经济学家发现，根据下午 2 点 45 分收市时柑橘的期货价格，人们可以预测出当晚最低温度的天气预报的误差。柑橘买家和卖家利用自己的智慧指出气象专家在预测天气预报时出现的误差，这个例子也可以说很好地体现出大众的智慧。[11]

行动机制

上面的故事让我们不禁提出疑问：预测市场为什么会起作用？是巧合还是有其内在原因？在买方和卖方就价格达成一致时，双方才会进行交易，在这种市场机制下，人们能够自然而然地收集到价格信息。由于人们可以从交易中获得收益，利益的驱动就是揭示真相的动机。[12]此外，发现新信息和基于新信息进行贸易，也存在长期激励。[13]当每一个人的预测误差围绕真实值对称分布，并且具有有限的方差时，市场本身能够更好地预测价格，因此适用大数定律，这也是概率论中心极限定理的应用。

人工智能与预测市场

从人工智能的最新进展来看，除了"大众智慧"之外，先进的人工智能技术也能用来预测结果。但这并不意味着人工智能会取代"大众智慧"。2016 年，谷歌的人工智能 AlphaGo 在围棋比赛中打败了世界冠军李世石，我们看到了人工智能技术的突破。围棋是一项有 2500 年历史的游戏，据说比象棋要复杂得多，更依赖于人的直觉。[14]这让我们想起了人机混合团队"半人马座"。1997 年，IBM 的"深蓝"计算机打败了国际象棋冠军加里·卡斯帕罗夫（Garry Kasparov）之后，"半人马座"异军突起。国际象棋爱好者史蒂芬·克拉顿（Steven Cramton）和扎克里·斯蒂芬（Zackary Stephen）的世界排名在 1400 ~ 1700，他们在 2005 年的自由式国际象棋锦标赛中击败了当时最强大的国际象棋计算机

Hydra。而他们在比赛中只使用了戴尔和惠普的常规电脑和软件，价格仅为 60 美元[15]。计算机处理大量数据的能力加上人类的直觉和同情心，胜过任何人、任何机器的单独作战，这彰显了人机协作的力量。

5.2   巅峰、崩溃、衰退和重生

预测市场刚刚从加德纳技术成熟度曲线的低谷期（trough of disillusionment）走出，正如我们对该曲线 2015 年报告进行调整所表明的（见图 5.1）。

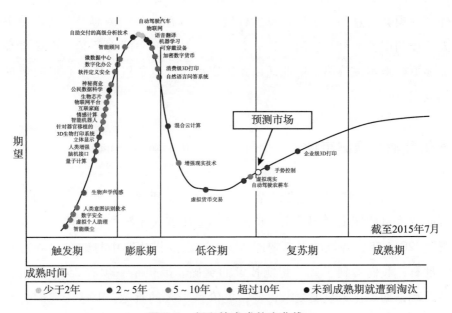

图 5.1   新兴技术成熟度曲线

加德纳技术成熟度曲线把技术的生命周期分为五个阶段。首先是技术触发期（innovation trigger），在这一阶段，技术的突破引起了媒体的兴趣并开始宣传。早期宣传一般包含少数成功案例，令人感到振奋，技术开始

进入第二阶段"膨胀期"（peak of inflated expectations）。随着人们膨胀的期望以失败告终时，技术进入第三阶段"低谷期"。只有没被淘汰的供应商改进了产品，令早期的使用者感到满意了，技术投资才得以继续[16]。

接下来是第四阶段"复苏期"（slope of enlightenment），在这一阶段，由于技术日臻成熟，人们发现了更多的得益点和增加了使用案例，于是出现第二代和第三代产品。第五个阶段也是最后一个阶段，是"成熟期"（plateau of productivity），主流应用开始获利[17]。

预测激增

预测市场技术已经存在了几个世纪。而当前，人们越来越青睐预测市场。这不仅是因为单一的技术突破提高了预测市场的受欢迎程度，更是因为网络化程度更高的社会得以崛起，使得预测者之间的联系更加紧密，管理这种联系的软件和硬件系统变得更加卓越。这些无疑都促进了预测市场的发展。

在 2000 年初至 2005 年前后，预测市场的使用开始激增，便带来预测市场技术的第二个阶段：期望过热期。在准确预测了电脑打印机销售情况、选举结果、美联储利率决策等事件之后，预测市场甚至被用来预测传染病的蔓延[18]。2001 年，美国国防部高级研究计划局也开始试验预测市场，预测恐怖主义，直到 2003 年，这一做法遭到国会的批评，这个计划才被取消[19]。

曙光幻灭

2008 年前后，对预测市场的批评达到了顶点。这可以看作是第三阶段低谷期的开始。1999 年，预测市场 Intrade 成立了。之后，奥巴马输掉了加州的政党预选，此时出现了批评反对的声音。人们说预测市场规模太小，风险和收益太低，对事件反应太慢。[20] Intrade 预测，最高法院推翻奥巴马医改法案的可能性高达80%，后来该预测也未能实现。即便如此，人们还是认识到，Intrade 的记录要优于任何一次民意调查或专家学者的记录。[21]毕竟，如果预测市场给出了可能性高达80%的预测，那么每五次就有一次是错误的。对加德纳技术成熟度曲线来说，预测市场无法满足一时膨胀的预期。

Intrade 的崩溃使预测市场技术的低谷期雪上加霜，这一点影响重大，因为在当时，Intrade 是唯一专注于预测事件可能性的真实货币预测市场。奥巴马总统在2010年签署了有关金融改革的《多德－弗兰克法案》，该法案旨在禁止与恐怖主义、暗杀、赌博等"违背公众利益"的事情有关的任何期货交易，并在2012年建议加入选举有关的交易。商品期货交易委员会（Commodities Futures Trading Commission，CFTC）的发言人拒绝对 Intrade 发表评论。2012年出现了"罗姆尼鲸"（总统候选人罗姆尼的竞选团队）。尽管民调转向奥巴马，但"罗姆尼鲸"对总统候选人罗姆尼本已巨大的赌注基础之上又增加了380万美元，促使 Intrade 把奥巴马的赌金比率定在70%，当时奥巴马的胜利几乎得到了保证，《纽约时报》称其胜率达到90%。[22]人们怀疑赌金比率是出于政治原因而受到操纵。而且，商品期货交易委员会起诉 Intrade，称其决定返回金融预测市场。2013年3月，Intrade 暂停运营，在其财务对账过程中发现了问题，其中包括 Intrade 和一家关联公司的账目里少了420万美元。[23]

创新驱动的重生

然而，从那时起，预测市场技术开始进入加德纳技术成熟度曲线的第四阶段，这时已经出现成熟的技术，比如"二次方投票"（quadratic voting）。在二次方投票的机制下，个人从清算所购买选票来支持他们的优选方案，并且按所购选票数量的二次方付款。经济学家最近表示，这种机制确保了从大量人口中获取高效率预测结果[24]。其他创新成果包括：整合特定个体先前预测的质量信息；通过"迭代预测"（iterated predictions）收集社会信息；去除异常值。

Vetr 公司是一个利用社交信息的投资者平台，为股票和基金提供众包的股票评级。在 Vetr 的网站上，用户可以搜索特定的股票，把股票添加到他们的观察列表中，查看对股票有共同见解的其他投资者的评级，并根据这些信息来进行股票交易。Vetr 公司首席执行官迈克·维安（Mike Vien）解释说："我们设计的系统并不是为了提供进入市场的时机，而是为了帮助投资者做出更好的投资决策。" Vetr 的用户对股票的未来价格做出具体预测。如果用户获得的收益高于市场平均水平，那么就会得到社会认可，并获得奖励，网站会把这些用户的等级提升为"最高评级者"（Top Rater）。

Vetr 的算法根据用户对股票目标价格的预测情况以及用户过去的业绩，计算出大众的股票目标价格和综合评级。Vetr 公司的首席执行官表示，一般情况下，最高评级者的背景不尽相同，但 Vetr 的理论是，"当用户来自各行各业，具有多样性和独立性时，他们的预测往往比行业专家更精准。""我们的研究表明，与华尔街分析师对未来股价的预测及业内人士就股票目标价格达成的共识相比，Vetr 的综合预测涵盖的信息量更大。"[25]

如今，人们最好把预测市场视为预测分析在市场中的应用。预测分析的应用领域比市场的应用领域更加广泛。比如，客户分析是一个非常有利可图的应用领域。Framed Data 公司最初是作为数据科学家运行和测试市场的平台，后来该公司使用机器学习技术预测用户流失等相关指标。[26]

5.3 契机来自危机

我们与麻省理工学院斯隆管理学院罗闻全（Andrew Lo）教授共同探讨了 2008 年全球金融危机与预测市场最新变化之间的关系[27]。全球金融危机使许多人对金融市场和金融创新产品失去了信心。在许多人眼里，预测市场未能兑现他们的承诺。为了让用户的预测能够像证券一样打包、交易，人们创建了集中式的预测市场。但是，美国监管机构认为这种预测市场无异于赌博，于是关闭了一些预测市场，因此人们的信心进一步被削弱。金融危机发生八年后，预测市场的后续发展有了新的前景，同时也反映了从这次金融危机中汲取到的教训。

任何深层次的创新都需要时间和投入来克服怀疑。预测模型遭到许多怀疑论者的质疑，他们认为这些模型很奇怪，很难实现。与许多被大肆渲染的趋势一样，预测市场技术的未来前景与当前的预测能力并不匹配。金融危机和随后展开的研究，也让人们更加明确预测模型隐含的假设和局限性。

新机器系统

那么现在的预测市场有什么不同了呢？首先，目前的技术发展水平可以更容易地实现预测市场的美好前景。其次，我们能够更好地理解支持预测模型的人的因素。

就技术而言，我们看到了数据可得方面的发展成果，而且定量对冲基金已经转向更纯粹的机器学习模式。预测方法在分析日益增多的数据时可以进行高速运转，而且在算法的学习方式上也取得了巨大的进步。今天，人们使用了许多不同的学习模型。例如，神经网络从人脑中独立工作或协同工作的神经元中提取设计灵感。这些技术不断发展，如今人们可以分析更多的数据类型，特别是来自现实世界系统的原始实时的馈送数据，而不必人工预处理，因此实时分析方法允许交易策略适应实时的市场数据。

对冲基金是最早采用预测市场技术的金融机构，目前仍在尝试新的方法来推动这一技术的发展。有一种方法是把人工智能（AI）与预测市场结合起来。

2016 年 1 月，Aidyia 公司正式成立了人工智能对冲基金，所有交易都完全由机器执行。该公司的系统使用多种形式的人工智能，如受遗传进化启发的人工智能和使用概率逻辑的人工智能，可以完全自主地识别和执行交易策略。Aidyia 的人工智能可以分析价格、宏观经济数据、公司财务文件等很多种内容，以做出市场预测，然后使用概率评估方法做出决策。[27]另一个结合人工智能和预测市场的案例来自 Sentient 公司。Sentient 是分布式人工智能平台，最初用于交易，现在正在扩展到其他领域，如电子商务和医疗保健。Sentient 基于两大支柱：进化智能和深度学习。Sentient 投资管理部门（Sentient Investment Management）开发并应用了专有的定量交易和投资策略。Sentient Aware 是人工智能推荐引擎，可以通过可视化搜索帮助客户找到所需的产品。[28]

Numerai 是一个把众包和人工智能相结合的对冲基金初创公司。Numerai 作为一家对冲基金公司，通过举办全球人工智能锦标赛，利用和聚集大众创建机器学习模型来预测股市的变化。Numerai 使用先进的数字加密技术，能够让世界各地的业余和资深数据科学家访问个人数据，同时确保这些数据不会进一步传播。用户的运作方式非常像咨询顾问，用户贡献出来的是人力资本，而没有动用自己任何财务资本。付款是通过区块链货币完成的，交互操作均通过分布式网络以匿名方式进行[29]。

采用这些技术的发展成果，其目的是尝试从决策过程中去除人的因素。在具体的情况下，采用技术发展成果是一种有利可图的方法，但这些技术成果并不包含从 2008 年金融危机中汲取的某些经验教训。

预测市场的限制因素

所有类型的预测分析都会让人们沉浸于过去。创建和测试模型时，人们会根据历史数据进行事后测试。越来越多的证据表明，市场不仅更加动态，而且适应速度也比以前快得多。几年前，高频交易是以分钟为单位进行测量的，现在是以几分之一秒为单位进行测量的。金融危机向我们显示了从未在美国公共市场出现过的数据，这些数据对预测结果造成了严重破坏。虽然机器学习可以很好地进行相关性分析，但相关性、模型和原因（驱动因素）之间的差距仍然很大。弥补这一差距的唯一方法是要利用对这些模型的描述并掌握模型所处的背景。彭特兰教授与合作人共同创建的 Endor. com 网站就采用了这一方法，该网站把人类行为的定量模型与更标准的机器学习技术相结合。因此，彭特兰教授和他的同事能够从时间序列数据中得出准确的预测，而使用的时间比其他系统短得多，因此可以在不稳定的情况下做出更快的反应。这种方法对于客户流失、欺诈等类似预测任务特别奏效，因为这些预测任务执行过程通常伴随着较高的随机损失。

　　预测市场的第二大变化是，人们开始理解、支持、激励预测市场的人类行为。首先，在过去的八年时间里，我们更加精通技术，联系也更加紧密。在个人受到激励而做出贡献的时候，调动大众的智慧可能会得到大家的支持。

　　集聚更多的人力似乎意味着让大众拥有更多的智慧，从而提供更大的预测能力。然而，情况并非总是如此：独立观察对大众智慧也是至关重要的，这主要是因为独立观察可以提供多样化的信息。人数不多但高度独立的人群仍然可以具有预测能力，而人数庞大但互相关联的人群可能不具有显著的预测能力。一个人在了解思考别人的观点之后，往往会本能地产生偏见。有一句格言：世界变得越来越小了。当你在某行业的一个市场里与人谈论资产类型时，人家很可能怀疑你的观点不是通过独立观察得出的。

回音室（Echo Chamber）之外

　　机器无法做出直觉跳跃，人类也容易受到心理偏见的影响，但是人类/机器系统又会是怎样的呢？虽然大多数参与者都在大力推动机器学习技术的发展，但是麻省理工学院的团队一直在力求更好地理解社交学习，理解人们是如何通过人际网络做出决策并坚持自己的想法的。在

《回音室之外》这篇研究报告中[30]，研究人员通过使用透明的社交交易平台来审视交易者的财务决策，不仅观察到信息多样性和网络连通性所达到的理想平衡（这将增强决策技能），而且更重要的是，通过社交学习提高了决策技能。

那些擅长决策的人是社交探索者，他们不断地寻找新人物和新想法，但不会先入为主，自认为某些人物或想法就是"最好的"。社交探索者寻求与各行各业的人物建立联系，接触到了各种各样的观点。我们的分析结果表明，社交学习的效果显著优于同行之间的切磋。交易者在自己的网络中能够找到适当平衡点、拥有多样化的想法，他们的投资回报率比孤立的交易者以及交易群体中的交易者要高出30%。

研究证明，如果"想法流"（flow of ideas 或者 idea flow）变得过于稀疏或者过于密集，那么对个人的社交学习策略进行小范围调整，就可以帮助纠正这种"想法流"不稳定的情况。通过激励个人，哪怕是一个小小的触动，就可以鼓励孤立的交易者更多地参与社交学习，而在同一群体中，彼此过多联系的交易者可以在他们的社交网络之外探索新的想法。在深度学习技术的帮助下，社交网络可以经过调整，使自身保持健康的"大众智慧"。

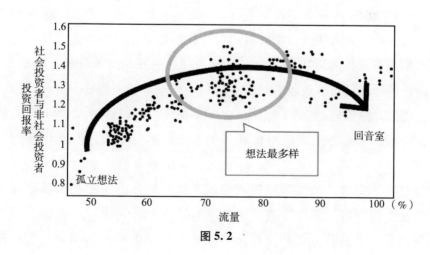

图 5.2

　　麻省理工学院的团队在一项大规模实验中利用这些对社交网络的调整，把所有交易者的投资回报率提高了6%以上。使用"想法流"预测模型管理想法流，可显著改善人类行为，同时也证明，采用适当的激励措施构建市场，可以取得更好的"大众智慧"成果。在这种情况下，想法流预测模型有助于普通交易者（通常是金融系统中的失败者）成为生意场上的大赢家[31]。

5.4 "预测市场"的未来

　　信息不对称推动了金融竞争优势，因此最成功的工作最少被人提及。为了更好地揭示目前的趋势，我们与大学和企业里从事未来预测市场工作的研究人员进行了探讨。有些关键趋势专注于更好的预测以及新的增长途径，同时也十分重视新的数据和技术以及新的应用领域。

新的数据和技术

　　除了继续开发更好的机器学习模型之外，努力获取更多独特数据也是创新者的一大关注点，创新者还会关注与机器学习、预测市场等建模技术集成在一起的新数据。数据已成为日益重要的竞争优势，对更快、更新颖的数据的需求也越来越大。

　　例如，汤森路透公司（Thomson Reuters）正在通过试验新的业务模式和数据采集方法来应对创新者的需求，部分是通过其新创建的汤森路透实验室展开这些试验。开发这种新的业务模式和新数据的方法就是要寻找到对市场具有独特视角的企业，例如，在利基市场中拥有大量业务的公司。汤森路透公司愿意与这样的公司合作，为汤森路透公司的受众提供匿名化和货币化的数据。对于预测市场而言，要拥有多样化的信息，而这些信息本来是不容易获取的，这就创造了有利可图的大好机会。

我们在与汤森路透实验室的郑经昌（Henry Chong）探讨问题时，郑经昌预测，随着新的预测技术进入市场，信息业务势必会发生变化。人类数据或者与物理内容相关联的数据采用了新的形式，将在未来发挥更大的作用。

我们已经看到人工智能和预测市场融合在一起，在未来，我们还可能会看到区块链和物联网等其他新兴技术的进一步发展。有一个叫作"预兆（Augur）"的项目，正在通过建立区块链预测市场，探索区块链和预测市场这两种技术的结合产物。我们把目标建立在 Truthcoin 协议的基础上，要把分散式公共账簿作为医疗和政府等领域的一项工作机制，以便利用全球用户的预测能力，从而证明预测市场可以用于社会公益事业。比方说，如果你想研究哪些食物致癌，单单是可用信息的数量之巨就能把你吓倒。另外，你还要甄别那些"伪科研"得出的相互矛盾的、误导人的结论。这些都是十分艰难的工作。在一个可搜索的预测市场中，其参与者会受到激励，这样，你就可以依赖大众的智慧搜寻观点，而不用回顾独立专家的个人研究成果了[32,33]。

新的应用领域

预测市场的应用不要仅局限于金融领域或政治选举投票，还可以应用于棒球等其他领域。例如，美国基金公司 Rebellion Research 利用学习网络预测具体的交易结果和市场趋势。预测市场这一行业将会不断增长，但最有希望的不仅仅是外部预测市场，行业内部的预测市场也大有前途。对内部结果的预测，如供求失衡，这在过去已经证明是成功的。惠普公司早已踏入预测市场领域，该公司先前创建了一个内部预测市场来预测打印机销售，并且比传统的营销预测模型更准确。在西门子，尽管所有的项目规划工具都预测在最后交付日一定能够交付一款新的软件产品，但内部预测市场却准确地预测到该产品将无法按时交付。在每个案例中，员工都进行了分组，每组分别是 20 人和 60 人[34]。这突出了参与者的重要性，因为他们提供了第一手信息来协助绘制更完整的未来格局。如果分组得当，企业可以使用预测市场来利用员工的知识，协助企业做出更精准的决策，员工的知识往往是更高级的管理层所难以接触到的。

进一步开发和部署人类/机器预测系统也是一个很有前景的发展方向。这就需要创建机器学习网络，以实现和加强而不是取代人类的决策。这种新的人机结合方法使用人工智能，通过增强人的能力、建立人工智能模型把适当的准则和激励措施嵌入预测市场。其中，人工智能模型能够自动实现适应性强的激励机制，以纠正人类的不良行为。

第6章 数字银行的宣言

亚历克斯·利普顿

大卫·舍瑞尔

阿莱克斯·彭特兰

6.1　导言

> "银行正在努力保持新潮时尚，并构建超酷的数字前端……但这就像是给猪涂口红，最终它仍然是猪。新的数字前端仍然连接到一个糟糕的数字后端。"
>
> ——英国达勒姆 Atom 银行首席执行官马克·马伦

我们正在步入一个崇尚创新的新时代，时代将重塑消费者与银行之间的关系。如果要了解数字时代银行业的发展，我们就必须了解其发展的前提条件。虽然有理性的人会对细微差别有不同的看法，但从本质上讲，银行业的本领是在复式账簿（double-entry general ledger）中熟练地保存记录。在微观层面上，银行可以被看作是吸收存款、发放贷款的创造股利的机器。在宏观层面上，银行是信贷资金的提供方。[1]银行的质量和可靠性主要取决于银行自身保持的资本量和流动性（本质上指的是中央银行发行的货币）水平。一般来说，银行希望把质量和可靠性这两个决定因素保持在适当水平。如果决定因素的水平太低，银行就会变得脆弱；如果决定因素的水平太高，银行就会变得无利可图，也就无法实现支付股利的目的。银行发放的部分贷款会如期偿还，但也有部分贷款会违约。一般来说，当贷款得到偿还时，银行的资本就会增加，而当贷款违约时，资本就会减少。如果银行资本低于其"风险加权资产"（risk-weighted assets）的一定百分比，银行就会违约。经营良好的银行家与经营不善的银行家，二者的不同之处在于，谁更有能力吸引大量可靠的借款人，从而使违约水平始终接近预期值（有些违约是不可避免的，但是违约者须以支付额外利息的方式承担违约责任）。与此同时，经营良好的银行家需要吸引长期存款人，并为他们提供良好的服务，以免存款人突然提取存款。如果发生众多存款人突然提取存款这种情况，那么银行的现金储备有可能很快被挤兑光，因而发生银行违约。原则上，如果商业银行的流动资产状况尚好，央行（出于某种原因被称为"最后的贷款人"或国家中央储备银行）可以出手救助，并提供额外的流动资金。

从上面的描述读者可以清楚地看出，银行业务本质上大多是与技术和数学相关的。因此，银行业务非常适合数字化。银行业本应该在 21 世纪的数字经济中生存发展、走向繁荣，但普遍存在的遗留系统和遗留文化阻碍了银行接受创新。银行业萎靡不振的根本原因应该是显而易见的。传统银行的技术远落后于最新发展的技术；这些银行对账面上的风险也处理得不好。过去的三十多年，零售业、旅游业、通讯业和大众传媒等主要行业的业务模式发生了颠覆性的变革，但银行业的核心业务没有变化，仍然以过去的辉煌为荣，忽视了变革的风向。如今的银行业缺乏竞争，存在诸多弊端。而且，银行客户通常对他们获得的服务表示不满。在银行违约的情况下，客户可能会失去存款（超出监管保证的最低限额）。近年来，在大多数发达国家盛行的零利率或负利率，使银行存款既带有风险性又让存款客户无利可图。然而，目前客户没有可行的替代方案。

特别是在发展中国家，由于传统银行的方法不够灵活，无法解决 KYC 问题或无法评估客户的信用状况，所以各个阶层的人和中小企业要么未享受到银行服务，要么未充分享受到银行服务。

由于数据技术和移动电信应用的新发展，我们看到银行业的第三次创新浪潮在悄然兴起。本章将概述"未来数字银行"（Digital Bank of the Future，DBF）的主要特点、优势和战略必要性。

为更好地理解推动第三次创新浪潮的机遇，我们定义了银行业数字创新的前两次创新浪潮：

第一波创新浪潮中的公司："渐进主义者"

数字技术在银行业已应用多年。但是，数字技术无论是对银行原业务的覆盖，还是对原业务的小规模扩展，都是逐步应用于银行业务的。

我们把这些银行定义为"渐进主义者",或第一波创新浪潮中的公司。

20 世纪 70 年代中期,花旗银行开始试验自动柜员机(ATM)。麻省理工学院前主席约翰·里德(John Reed)领导花旗银行推广自动柜员机,彻底改变了零售银行业务。自动柜员机的故事是企业创新的一个里程碑。这个故事所传达的理念很简单:应该部署可以处理现金提取、支票存款等交易的机器。不过,随之而来的是革命性的变化:过去,银行的营业时间有限,比如上午 9 点到下午 3 点,这对于上班族来说很不方便。20 世纪 50 年代,美国大多数家庭都靠丈夫一人在外挣钱,而全职太太能够在白天去银行办理业务。随着越来越多的妇女进入劳动力市场,美国的双收入家庭增多,这样一来,人们利用白天时间办理银行业务的机会就大大减少了。多亏了银行业务的电脑化,从此银行高管们可以了解到人们最需要办理银行业务的时间。晚间自动柜员机的使用率激增。因而,银行将营业时间延长到晚上,以满足上班族的需要。2014 年,美国有 52.4 万名银行出纳员,[2] 而 1985 年出纳员人数为 48.4 万。[3]

20 世纪 80 年代,网上银行通过法国国家网络 Minitel 和英国视讯系统 Prestel 在花旗银行和纽约化学银行进行试点,但直到 90 年代,随着互联网使用率的飙升,网上银行才真正起步。简单的浏览器工具使消费者能够办理一些重要的银行交易,如货币转账、银行对账单和电子账单支付。虽然商业银行最初是网上银行的创办者,但随着互联网的兴起,网上银行才得以壮大,最明显的例子是 1996 年成立的 NetBank 公司。

第二波创新浪潮中的公司:数字混合银行

我们把 NetBank 这样的第二波创新浪潮中的公司称作"数字混合银行(Digital Hybrid)"。数字混合银行经常利用前端系统对消费者展开市场营销并与消费者建立联系。不过,这些银行仍然受到传统中后端办公基础设施、风险建模系统以及劳动模型的束缚。这些混合银行经常利用另一家银行作为他们的后端系统。

金融科技前沿

例如，成立于 2009 年的 Simple Bank，在简化账户管理和优化成本方面做出了一些创新，但它却使用 Bancorp 银行作为后端。

其他新兴的混合银行，如 Fidor 银行（德国）、Atom 银行（英国）、LHV Pank（爱沙尼亚）、DBS Digibank（新加坡），拥有专门构建的 IT 基础架构，并且构建成本比传统银行低 60% ~ 80%，维护成本低 30% ~ 50%。员工人数大大减少，约为传统银行员工数量的 10% ~ 15%。

然而，这些"数字混合银行"仍然使用集中式数据库、云存储和原始的用户数据协议。数字混合银行是从过去的街面实体银行过渡到未来全数字化银行的一座桥梁。

第三波创新浪潮中的公司："数字原住民"（Digital Natives）

新技术层出不穷，而且与消费者的生活紧密结合。对于全球 25 亿未享受到或未充分享受到银行服务消费者来说，新技术有望把银行服务带给这些消费者[4]。同时，新技术也会使全球 4500 多万家未充分享受到银行服务的中小企业（SMEs）拥有更大的财务灵活性[5]。

未来数字银行将利用这些技术，并围绕"数字原住民"（50 岁及以下人群）的需求进行设计，这些人是在计算机的陪伴下长大的。对于千禧一代来说，"移动先行（mobile-first）"战略将使数字银行与他们的生活紧密结合，让他们轻松访问、享受快捷的服务。

未来数字银行会突破现有的数据安全方法，不使用容易受到攻击的中央数据仓库，转而采用分布式加密的安全数据系统。个人数据存储终端设备不仅能提供更好的数字钱包，而且还能提供更高的安全性。安全性得以保障，主要是基于个人生物识别数据。这些数据是数字银行安全协议的组成部分。

新的技术模式引出了一系列问题：银行在这个数字创新的世界里究竟扮演什么角色？按照我们对银行的认识，银行业是否已经走到了尽头？有些银行业务遭到淘汰，有些政府开始发行存储在数字钱包里的数字货币，这种货币根本就不进入银行系统，传统银行业是否真的要成为历史？

我们将从客户、投资者、银行三者的角度分别看待数字银行的关键要求。

6.2 从客户的视角看数字银行的关键要求

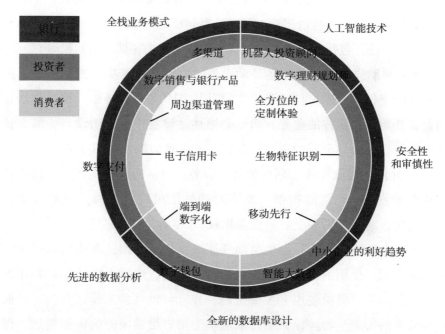

图6.1 从客户的视角看未来数字银行

至少，在零售端，未来数字银行应该能够做到以下几点：

- **"全方位的定制体验"** 使客户对他们的资金和金融生活有一个全面、直观、可互动的了解，其中包括他们的账户、存款余额、交易、未偿还的贷款、定期支付、养老金缴款、公积金以及证券账户的情况。为不同的客户群体量身定制服务，如小型商户和非正式商户、大众富裕阶层、青年人群、出境旅行者或低收入客户。为客户提供贷款利率较低的可信赖贷款源。

- **"端到端的数字化"** 为客户提供全面的全数字化体验,包括无纸化应用和 KYC 流程。还提供直观交互式的数字财务规划师,组织客户的财务生活并优化其资源:即时现金流需求、储蓄(包括自动储蓄工具)、医疗费用、教育、退休生活(包括以前仅供高端投资者使用的机器人投资顾问)、投资(包括证券交易工具)。客户能够以电子方式申请抵押贷款,为家庭住宅保险、责任保险、医疗保险和旅游保险提供更有竞争力的保险合同,并将信用检查程序扩展到社交媒体。提供与银行活动有关的报告文件,包括税务报表等。提供对个人数据存储的访问权限。

- **"移动先行"** 支持本地移动设备的电子支付解决方案,包括国内和国际的支付和汇款、自动账单支付以及 P2P 支付和转账。如果你从移动设备开始并构建你的业务,而不是把移动设备作为备用设备,那么移动设备不仅带给你全新的用户体验,还有基础架构和信用分析。

- **外汇** 提供无缝、划算的外汇服务,包括通过提供多种货币账户防止汇率波动。有可能提供一整套对冲外汇风险的工具,包括远期合约、现货合约、掉期和交易所交易期权。

- **"生物特征识别"** 提供生物特征识别技术,如已在机场和国际边境管制中积极使用的面部和语音生物特征识别,选择生物特征识别作为核心凭证的客户就像使用 PIN 或密码一样,可以登录来验证身份。目前正在开发的行为生物特征识别技术能够为用户提供额外的保护措施,很有发展前途。

- **"电子信用卡"** 根据客户自己的喜好提供不同功能,其中包括:预先设定交易限额、交易许可和消费模式;提供数字钱包和个人数据存储服务(包括电子 ID;在线安全支付的电子卡;用于查看、支付、组织、分析、归档电子账单和生成相关税务文档的工具)。

- **"访问 P2P 世界"** 提供了包括 P2P 支付和贷款在内的所有参与众筹的机会。

6.3　从投资者的视角看数字银行的关键要求

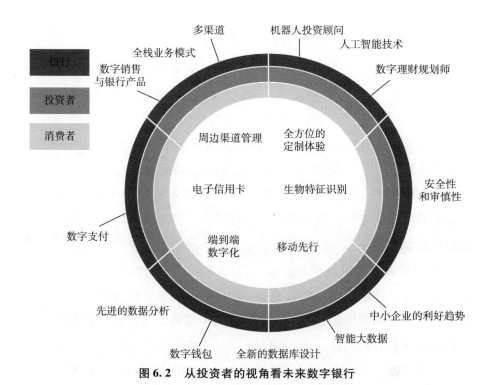

图 6.2　从投资者的视角看未来数字银行

数字银行提供的投资机会令人兴奋，同时也是银行业务发展过程中的必经之路，因为传统银行不能充分提供数字时代客户需要的服务。传统银行根本无法满足客户需求，无法赶上数字革命的脚步。由于没有办公楼方面的开销，也没有传统 IT 系统的大量维护支出，预计在未来数年内数字银行的资产规模将新增数十亿美元，而全职员工的人数只是传统银行的零头。例如，英国的 Atom 银行打算在五年内发展成一家资产规模达到 50 亿英镑的企业，并且全职员工仅有 340 名，而传统银行英国首都银行（Metro Bank）达到这样的资产规模时，全职员工有 2200 人。显而易见的是，数字银行的员工大多是工程师和数据科学家，尽管如

金融科技前沿

此，销售和营销的作用仍然不可低估。

货币化与价值获取

与传统银行相比，数字银行可以通过多种方式创造价值：

● **数字支付**：数字支付是货币化的核心。数字支付包括国内和国外的移动和在线支付，以及移动 P2P 支付。数字支付能够增加银行的收费和利息收入，并向更广泛的客户提供更加多样化的服务；这种做法比现有银行成本更低、效益更好，通过有竞争力的定价获得市场份额，使全球 25 亿未享受到或未充分享受到银行服务的消费者能够使用数字支付。

● **数字钱包**：数字钱包对于建立在增值服务基础上的数字商务和生态系统是至关重要的。数字钱包还优化了客户的交易成本和银行业务的融资成本。

● **数字销售与银行产品**：人工智能（AI）通过包括社交媒体在内的直接渠道，辅助银行产品的销售，如存款、贷款、抵押贷款等。这符合在电子商务领域消费者偏好和行为的变化趋势，特别是针对年轻一代和精通技术的客户。

● **多渠道**：无缝整合的多渠道销售方法能增加银行产品在客户钱包中的份额，提高客户忠诚度，从而显著提高客户的采用率。

● **数字理财规划师和机器人投资顾问**：应用人工智能的数字理财规划师管理客户的每月收入、定期支付、储蓄和投资，增强了数字银行与客户之间的互动。数字银行作为一个可信赖的财务管理者，明确了客户的财务生命周期的需求。数字银行与客户之间的信任圈在逻辑上是可以延续的，在这种信任圈中，客户依赖于机器人投资顾问的服务，根据个人目标和偏好优化投资组合，定期调整，记录增量，并为走向数字化的每一阶段适当分配资源。

● **智能大数据**：先进的分析使数字银行把其数据转换为更为个性化，旨在实现数据货币化的客户服务。

● **中小企业的利好趋势**：基于人工智能和大数据的信贷模式支持风险管理，可以为中小企业提供信贷机会，为全球 4500 万家未充分享受到银行业务的中小企业提供银行服务。到 2018 年，斯堪的纳维亚、英国和西欧的银行预计有一半或更多的回笼资金将来自大多数银行产品的数字化活动，如储蓄、定期存款以及向中小企业提供的银行业务。[6]

6.4 从银行的视角看数字银行的关键要求

"银行深陷老旧 IT 系统遗留问题的泥淖中。第一个自动化银行系统是由英国的 Coutts 银行在 1967 年推出的。这些老式 IT 系统今天还在继续使用。"银行使用老旧 IT 系统并非个案。例如，最近一份美国政府的报告显示，美国核武器部队仍然使用 70 年代的计算机系统和 8 英寸软盘。

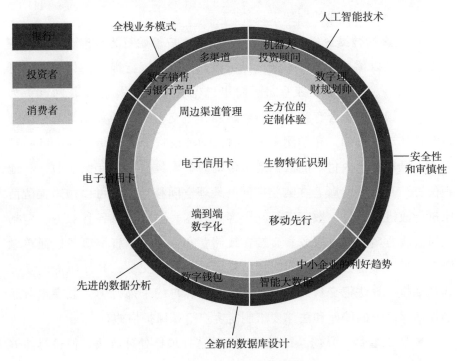

图 6.3　从银行的视角看未来数字银行

就其本质而言，数字银行必须是金融科技公司和银行的混合体。数字银行与传统银行类似，可分为五个业务部门：零售银行业务；私人银行业务和商业银行业务；分析和 IT 系统；财务管理和运营；风险管理。这些部门的相对重要性是有轻重之分的。而且，不同部门之间的关系图在数字银行和传统银行中有所不同，分析和 IT 系统是数字银行体系的基石。一般而言，银行的成败是通过银行采用的技术和分析方法来衡量的，而不是通过其产品线来衡量的。

- **全新的 IT 基础架构**：从零开始构建数字银行，创建灵活的 IT 基础架构以求提供最先进的风险管理，优化银行资产负债表，实现显著高于传统银行的资本回报率，构建现代监管技术，确保实时遵守不断变化的银行业法规。

- **数据库设计**：数字银行的 IT 系统使用最先进的数据库技术，能够应对呈指数增长的数据、新的互联网技术和分析方法。预计数据库技术将基于分布式账簿的框架来设计。

- **先进的数据分析**：银行拥有丰富的客户原始行为数据，透过这些数据银行可以预见客户的未来选择，因此，数字银行提供的价值主张可以得到扩展。以谷歌、亚马逊、阿里巴巴和 Facebook 等互联网巨头为例，数字银行应整合存款、消费金融和其他交易账户的数据，集中地分析客户活动。例如，在预测未来金融活动和信贷价值（credit worthiness）方面，顾客在店内付款的数据远比传统的个人数据（如年龄、收入、地理位置）更准确；顾客在购物期间的地理空间移动数据可以用来提醒商家进行改进。此外，数字银行利用客户数据，可以提供各种服务，包括支付解决方案、信息服务、直接在线储蓄和存提款、咨询服务、简单融资等。数字银行必须能够实时评估收集到的客户交易，并使用深度学习和其他概率算法把交易关联起来，以预测客户的未来行为。数字银行还必须根据客户的偏好和法律要求制定客户隐私保护措施。

- **人工智能**：从纷杂的数据中自动选择最佳处理方法，使银行能够动态采用新信息，了解客户的完整财务状况，包括信贷价值、债务能力、财务规划的风险偏好。人工智能还可以快速适应客户需求，在适当的时间提供最合适的产品，并随着客户的需求变化而动态更新最合适的产品。"智能银行（smart bank）"可以更快地利用客户生命周期内的各种变化，帮助客户实现财务目标。

- **全栈业务模式（Full - Stack Business Model）**：全栈业务模式对全方位的客户体验至关重要。这种业务模式促进了银行在监管框架下的合规性。该框架强制执行洗钱和欺诈预防措施，保障了客户的安全。一般而言，智能欺诈检测和补救系统的功能比常规方法要奏效得多。

- **安全性和审慎性**：与其他金融服务提供商相比，如果实施得当，数字银行在"防弹安全性"（bulletproof security）和客户安全保护方面具有巨大的竞争优势。数字银行的功能从一开始就嵌入到安全的 IT 体系架构中，可防止第三方的数据滥用和数据销售。这些功能可以实现分布式数据加密安全管理[7]。

6.5　数字客户细分

发达国家和发展中国家都拥有几个支持数字银行的客户群体[8]：

- 具有本科以上学历的专业人士；

- 受过数字教育的中产阶层和富裕阶层的专业人士和管理人员；

- 精通数字技术的年轻一代（学生和年轻专业人员，年龄在 20 ~ 30 岁），他们是数字银行的原住民，非常精通数字技术，构成了数字银行客户群的基础；

- 中小企业使用专为它们量身定制的数字银行平台，从而成为主流企业；数字银行约能为全球 4500 多万家未充分享受到银行业务的中小企业提供银行服务[9]。

6.6　数字货币的发行

如果未来的数字银行不使用数字货币，这将是难以置信的[10]。目前，中央银行和私人银行都在积极寻求发行数字货币。就数字货币的发行来说，这里有一些需要注意的地方：

- **非银行数字货币**：虽然比特币是最著名的数字货币，但由于其每秒的交易量很低，不适合进行大量交易。数字银行很可能会使用基于共识的数字货币，而不是基于工作量证明（proof-of-work）的数字货币。人们理应意识到，比特币不是第一种数字货币，也不会是最后一种。事实上，大卫·乔姆30多年前发明的数字现金有可能会卷土重来。

- **中央银行数字货币**：一些国家的中央银行正在调查国家支持的数字货币能否减少资本外流、洗钱和逃税，从而使经济活动更加透明和高效。例如，中国人民银行、英国央行和俄罗斯银行都在积极朝这个方向努力。如果各国央行真的发行数字货币，那么商业银行享受"无偿"（或近似于无偿）存款的日子将结束。

- **私人银行数字货币**：银行发行自己的货币这一想法已经非常古老了。19世纪美国有数十家银行在这样做。数字化进程使这一想法再次变得可行。例如，三菱东京日联银行（Bank of Tokyo Mitsubishi UFJ，MUFJ）正在开发自己的数字货币（MUFG币）和与之相应的智能手机应用程序，在P2P平台上认证数字令牌。三菱东京日联银行预计，这一数字货币将降低财务交易成本，减少国际汇款和资金转账的手续费。未来，该银行可能向客户发行数字货币。[11]

- **分布式账簿**：使用分布式账簿可以降低财务交易成本，提高系统整体的抗风险能力，并减轻运营风险。毫无疑问，分布式账簿将与数字银行的业务程序，及其与传统银行、中央银行、其他数字银行之间的互动密不可分。

6.7　金融生态系统

人们期望架构良好的数字银行会成为更加宏大的金融生态系统的基石。谈到金融生态系统的重要组成部分，人们会想到保险公司、经纪人、财富管理人、机器人投资顾问、信用卡发行人、跨境支付提供商、货币交易所、P2P 贷款人等数字服务提供商。这些金融机构通过数字银行可以访问更广泛的金融系统，从而大大提高满足客户金融需求的能力。与此同时，数字银行通过获取客户需求和习惯等方面的信息而从中受益，这样就有了一个完整的信息反馈回路[12]。数字银行发行的数字现金可以起到润滑剂的作用，使商业运作的车轮旋转得比目前的速度更快、效率更高。

我们设想在物联网（IoT）的中心建立一个未来数字银行，这个银行可以被视为物联网银行（Bank of Things，BoT）。例如银行客户居住的房屋屋顶需要维修，银行可以立即推荐几个承包商，组织投标，帮助客户选择最合适的承包商，并安排融资。因此，除金融业务外，未来的数字银行可以将各种非金融行为体纳入其生态系统。所有这些发展将提高银行的社会效用、获得公众的赞赏，同时提高银行的盈利能力。银行必须记住，不能浪费时间，因为谷歌、亚马逊、Facebook 和阿里巴巴等数字化企业的佼佼者将对客户的数字钱包展开激烈的竞争。

6.8　银行以外的领域

虽然目前银行的状况不尽如人意，但我们却有机会从头开始建设数字银行。数字银行将利用最先进的技术完成其使命，其中的技术包括加密技术、分布式账簿技术、人工智能、大数据和深入学习。从一开始，数字银行就要优化资产负债表，开发分布式账簿的技术基础设施，将中后端办公系统全面自动化和数字化，还要使用最先进的加密技术提高安全性。通过设计，数字银行将会高效运行、反应敏捷、有利可图。数字银行的基础设施将会非常灵活，足以处理私人数字货币（如比特币）和政府发行的数字货币（如英国的虚拟货币 Britcoin）。如果需要，数字银行将能够发行自己的数字货币。数字银行将应用人工智能和大数据分析，创造无与伦比的客户体验，实现个人和中小企业信贷发放的自动化，并改善风险管理。从设计上讲，数字银行将受到投资者、客户和监管机构的重视。

然而，在建立数字银行的过程中，我们是否会陷入旧的模式？

微信和芝麻信用让 Facebook 和谷歌等前沿企业为之惊叹，让领先的电信公司为之动容。令人惊讶的是，许多传统银行似乎更为乐观。微信正在重新定义金融服务对于个人消费服务的意义。

关键是要使用标准的"应用程序接口"（APIs）对各个生活领域以客户为中心的数据进行标准格式的处理，这些 APIs 会在整个数字生态系统发挥作用，而不是仅仅在金融服务领域或金融产品方面（就像通用个人数据存储库那样，客户并不拥有、也不管理这些数据，而标准 APIs 可以拥有、管理这些数据）。微信利用这种中央全景数据，可以无缝整合各种生活片段（娱乐、工作、金融、家庭等）。

微信为用户提供了全方位的支付、信贷和银行业务，令人难以置信的引导功能和反洗钱能力，并且这一切都是完全透明的。消费者不必知道支付行为与信贷、银行业务或一般购物行为是不同的。他们只需在线上或线下寻找需要的商品，接下来便是购买、出售和交易，各个环节是无缝衔接的。微信或芝麻信用还把人们的健康、生活方式、就业服务与货币服务相结合，同样做到完全透明，而且没有单独的网页应用程序。你只需关心自己的需求，过更好的生活。不过，这取决于消费者获得信贷的能力。由于 P2P 网络提供信贷是不确定的，而且信贷能力有限，所以数字银行必须出手相助。

　　中小企业的未来也同样如此：企业要做的只是引导客户购买它们的产品，所有与金钱的流动相关的问题，如信贷、支付以及 AML 和 KYC 等，完全在网上自动处理。据报道，微信在运营的头几个月就覆盖了 100 多万家中小企业。

　　数字银行业务将来能完全取代传统银行业务吗？不会的，传统银行的功能只是被无形地整合在一起了，而且无处不在。有了这样的模式，挑战也随之而来：

　　● 由于银行在提供信贷资金方面的独特作用，非银行行为体根本没有相应的能力来满足客户的金融需求。

　　● 银行服务方面存在着许多限制。这些限制束缚了在西欧和美国的公司。如果中国开始采取限制性更强的金融监管措施来更好地保护消费者，那么银行服务也将面临一个不太友好的商业环境。

　　● 微信（或者下一个类似微信的应用程序）是否想让自己公司的股票价格倍增，同时降低自己的金融服务费用呢[13]？金融服务越成功，这类问题就越尖锐。然而，如果科技公司的金融化是经过深思熟虑才决定实施的，那么金融化实际上可以增加股东的价值。

　　尽管存在着这些挑战，但有没有一种可以称之为"无形银行"的模式能够毫不费力地融入我们的日常生活呢？答案是：既有也没有。随着时间的推移，传统银行业的模式无疑将消失，但在过渡期内，数字银行将在日常生活中发挥交易润滑剂和催化剂的作用。

第 7 章　政策与金融科技

——监管机构眼中的金融创新与金融创新者眼中的监管

奥利弗·古迪纳夫

大卫·舍瑞尔

托马斯·哈乔诺

阿莱克斯·彭特兰

7.1 导言：金融创新与监管问题

过去半个世纪以来，科技推动着人类活动在许多领域进行了创新变革，金融业也不例外。诸如 SWIFT 系统（环球同业银行金融电信协会系统）、电子交易系统和自动化结算等先进技术在一两代之前，都是革命性的创举。现在这些技术照常发挥着作用。衍生品和证券化的发展推动着公平交易的进步，但除此之外，金融体系的总体结构并没有发生太大变化。因此，金融业遵循了许多行业共有的发展模式。

我们正在不断转变模式。在当前的金融系统中，我们正在从技术赋能给人类参与者的模式，转变为技术顶替许多人类参与者的模式。将来甚至会不可避免地出现第三种模式：技术颠覆了当前大部分的金融系统，并用其他系统取而代之[1]。金融系统已采纳的大部分技术创新都属于前两种模式。我们正处于金融领域的发展期，其发展也开始与第三种模式相似，虽然能够产生新的结果，却又不能完全预见到，这就是本书提出的观点。区块链、移动货币、智能工具、大数据、预测市场和安全身份等一系列技术发展成果，都有可能促成一场变革。

人们憧憬着颠覆性的变革。同时，这场变革也会带来诸多不确定性。其中，人们对于监管方面的担忧占有很大比例。活跃在金融领域的人都知道，金融系统是在健全的政府规章制度下运行的，这些规章制度可被视为"监管框架"。规章制度适用于市场及市场交易，也适用于金融机构在金融领域的治理、运营和净资产管理，同样也适用于货币的性质和数据的使用。规章制度的适用范围还会不断扩大。在未来的世界里，无论监管对策是禁止性的还是支持性的，尝试预测其形式会在制定参与市场活动的策略时发挥关键作用。

为了更好地完成这一预测，本章提供了背景知识和一些用例。在此背景下，我们将探讨区块链和相关金融创新所面临的一些基本政策、监管和治理方面的问题[2]。鉴于本章的写作目的，我们使用了"监管"（regulation）这一术语，以涵盖广泛的法规。这些法规包括通过法令、法院裁决以及监管机构制定的法规[3]。

在我们看来，与任何社会技术系统一样，区块链和其他颠覆性技术通常需要正式的治理机制（包括法律法规），才能实现全部潜力。这些治理机制在细节上应该有所不同，这取决于所考虑的具体用例情况。例如，用于零售支付的数字货币，其需求与土地所有权登记系统的需求是有所不同的。

我们认为，在促进采用区块链和其他金融技术方面，监管可以发挥重要的、甚至是建设性的作用。

举例来说，法律要求人们在道路的同一侧开车，这样能够加快出行速度和改善道路安全；统一的度量衡能够促进制造业的专业化发展；法规禁止庞氏骗局，这样能够通过吸引投资者在市场投资来降低整体借贷成本。所有这些监管作用都是显而易见的。上述实例中，对协调问题和市场失灵的干预十分有效。与之相比，区块链及相关技术还处于发展的初级阶段。预测技术发展的痛点，或最具变革性的成功所在必然是一项具有投机性质的事业。

下面的讨论虽然不能面面俱到，但也是有的放矢的。在我们的金融系统中，工程技术创新带来了挑战，我们想要展示这些挑战的多样性，并为各种实例的探讨提供一个参照框架。人们不断发现技术创新的潜在价值，不过这只是一个起点。对区块链技术发展的问题和方法进行批判性思考，鼓励利益相关方（政府官员、企业家、伦理学家、社区活动积极分子、开发人员等）寻求合理的监管方法，这些都是我们希望看到的。

7.2　监管目标和技巧

我们为什么要进行监管？

本节首先重点讨论监管发生的原因和方式，着重介绍了重要的指导原则，还探讨了在现有监管架构下金融系统的一些管理者。在后面的章节中，我们把这些指导原则运用到区块链和其他金融创新技术上。监管架构所针对的对象不是固定不变的。在哪些方面、以何种方式、运用什么样的监管方法存在着重大的争论和分歧[4]。尽管如此，有一些公认的指导原则能够平息争论[5]。这里给出的概要仅仅是基于作者们的个人能力，不是政府权威部门的论断，这一点请务必注意。

对于区块链这样的技术进步，要想最大限度地利用其好处、最大限度地避免其坏处，仅仅依靠技术是不行的。正如经济学家保罗·罗默（Paul Romer）所说[6]：

> "经济增长是在两套思想、技术和规则的共同演变下实现的。政府可以建立既能鼓励创新又能应对创新的规则体系，以提高经济增长率，让所有公民都从中受益。各类目标并不总是一致的。"

对于这位经济学家提出的效率目标，我们应该适当补充律师的标准，那就是：公平、公正、可持续性。

管辖权

制定及应用规则的权力可能源自多方。由谁来做哪些工作，通常被认为是属于"管辖权"的问题。某一国家认定的犯罪活动，在另一国家可能是完全可以接受的。对于某些罪行，比如种族灭绝罪，某些国家会行使域外管辖权。不过，这种情况比较少见。更为常见的情况是，国家充分关注境内，即其管辖权可行使的范围内的活动所产生的影响，即使该活动主要发生在境外。特别是在像金融市场这样的市场里，资金经常跨境流向收益率最高或最安全的地方。各国通常会调整共同行动的标准，以避免在某个管辖区创造套利的机会或不当得利的条件。例如，无论在哪个国家发出，欺诈性要约通常是非法的。

管辖权的另一个问题是，当局是否有能力实际控制被列为监管目标的人员、资产或其他物品。对于网络活动来说，管辖权特别具有挑战性。例如，某一活动的结果可能显现在美国，而活动的所有参与者却分布在世界各地。试图扩大国家法律管辖范围的方法有很多种，例如引渡、阻止网络访问或冻结本地账户，但这些做法的效果往往很有限。

由于区块链带动的活动有着固有的分散性和虚拟性，因此会带来明显的管辖权挑战。尽管区块链交易具有分散性，有时还具有匿名性，而且区块链技术也是一项"自由主义"技术，但是其交易不大可能脱离政府的监督。互联网也产生过类似的问题，各国政府则在多种情况下声称拥有管辖权。对散布全球的某一活动行使政府管辖权可能是一项挑战，但正如人们在丝绸之路上经历的艰难困苦所表明的那样，坚决有力的政府完全可以制服其所认定的重犯[7]。

监管目标

正确的监管目标是什么？有些监管目标针对的是负面事物，比如防止损失，无论是故意还是意外，也无论是直接的还是间接的。通常很容易找到防止赤裸裸的掠夺的正当理由。另一方面，创新往往会损害现有的利益格局，而且很难判断是否应当让这种损害继续下去。18 世纪英国的卢德派常常因为反对技术进步而遭到嘲笑。但即使创新会提高总体生产率，它对本地财富和就业保障的负面影响可能相当严重（例如，当工厂在工业城镇倒闭的时候）。英国退欧公投，"局外人"伯尼·桑德斯和唐纳德·特朗普在美国的受欢迎程度都表明，可以把类似卢德派的力量看作是对选举不满的根源。

另外一些监管目标则是正面的，比如提供制度框架，以便各种活动能够有效开展。还有一些目标是为了政府自身的私利，比如增加政府收入，或是巩固对某种活动的控制权。即使这些私利形成了对活动的阻力，但它们是完全合法的。不太合理的例子是"监管俘获（regulatory capture）"，即为了私人利益，利用政府的权力来巩固其在经济活动中的地位。各类目标并不总是一致的，这样就使得监管部门关于创新的对策更加复杂。谨慎的监管政策往往要平衡各种利弊，因此不论是创新者乌托邦式的憧憬还是传统主义者灾难性的恐惧都很少实现。

克林顿/马加齐纳电子商务原则

克林顿/马加齐纳电子商务原则为美国互联网电子商务的成功发展奠定了基础。在不牺牲公共利益的前提下，该原则对于如何监管其他金融科技创新（如区块链）具有指导意义[8]。这些电子商务原则规定如下：

● 互联网电子商务作为媒介，在支持个人自由度方面有着巨大潜力，因此要最大化全人类的自由度。

● 明确允许可以自愿组成社区。

● 在可能的情况下，规则应该由私营、非营利的利益相关方群体（如互联网工程任务组或万维网联盟）制定。

● 政府的行动应谨慎、透明、有针对性，并按照共同行动协议实施。

● 要尊重和维护互联网电子商务这种分散、快速移动的媒介，支持对特定技术持中立态度的政策。

● 就其本质而言，互联网电子商务是全球性的，因此从一开始就需要一个国际框架（而不是当地市场发展过程中的遗留系统，并且各国政府在国际化进程中要互相协调）。

预防损害。法律干预中最简单的案例涉及防止故意掠夺（例如物理入侵、盗窃、欺诈和欺骗）的法规。例如，伯尼·麦道夫（Bernie Madoff）因故意欺诈投资者而被监禁。同样令人反感的是草率的行为，虽然没有蓄意造成损失，但同样对预防损害缺乏考虑。承销商在发行点未能充分审核记录不全的次级抵押贷款，可能就属于这一类型的损害。第三类损害是由于事故或意外的系统影响造成的损害。第三类损害的典型例子就是银行挤兑。在这种情况下，情绪紧张的储户之间产生的感染性恐慌会迫使运营良好的银行出现违约行为。

如果某种做法经常是实施其他有害行为的手段，而该做法本身不一定有害，那么我们也有理由让这种做法受到监管。这一点证明了监管的正当性。例如，人们经常对虚拟货币表示担忧，因为虚拟货币为非法贩运毒品、武器和人口提供了便利。

为私人创造力提供制度框架。商法为设计和执行私人交易提供了制度框架。合同法就是一个很好的例子。合同法为合同义务的履行创造了一系列法律工具，使交易更加专业化，确保了交易双方的利益，并为合同双方的互利共赢开通了各种渠道。使交易具有法律效力，这样交易会变得更加可靠，可以避免一些陷阱。另一方面，经验或权力差距过大的当事双方在订立合同时，也会有欺骗和掠夺的风险。良好的合同框架会规定信息披露要求和界定不正当行为，以阻止欺诈行为[9]。合适的法律框架解决了可能阻碍合作与认同的信任问题，因此有助于它所监管的活动。政府干预能够鼓舞人们对监管过程的信心。所以说，政府干预是一种支持力量，而不是一种负担。常见的例子是关于对美国证券交易所的监督问题。根据《1934年美国证券交易法》，私人规则应受到公众监督。

许多人对区块链技术的关注点在于，区块链技术有助于解决这些信任问题。然而，区块链技术涉及较神秘的密码技术。某一区块链得到适当的管理，可以促进区块链技术的采用，而法律框架有助于树立人们对区块链技术的信心。

增加公共收入。各国政府往往从经济活动中获取收入，通常是通过收费或收税的形式，如财产评估费、关税、印花税、增值评估费、遗产税和个人所得税。尽管区块链具有自由主义的吸引力，但所有国家的政府都会广泛地主张税收权。为了使区块链或其他创新性金融产品能够避税，这些金融产品不得不采取与非法避税活动相类似的避税方式。由于金融信息是如此密集，逃税者很难掩盖其所有的数字踪迹。

赋权性规则与管辖权竞争

在本书中讨论每一项金融科技创新都会引起人们的疑问：目前和未来法律监管框架是否会采用金融科技创新、支持其效用、管理其行为并解决争端。

法规的调整会使采用的区块链和其他金融科技从中受益，从而促进金融科技的增长和采用。例如，州立法机构[10]和国家监管机构（日本央行）正在考虑新的规则，以确保法律认可区块链技术（针对佛蒙特州大量的记录材料和日本货币）。虽然日本曾表示没有具体的计划，但日本正在密切关注事态的发展，并积极讨论区块链技术[11]。

如果管辖区未能提供支持性的监管或法律框架，那么就有可能鼓励区块链服务从传统金融部门和监管者管辖范围里转移出来。巴巴多斯等司法管辖区已明确把自己定位为金融科技的避风港[12]。雄心勃勃的企业家选择司法管辖区的历史很悠久。长久以来，企业家会比较、挑选企业注册地，相比其他监管严格的地方，他们选中的管辖区通常有着自由宽松的竞争环境[13]。当前的挑战是，要防止把对创新的支持转变为轻率的放任。

保护现有利益。各国政府经常利用权力来保护各自的经济。这种做法有时候是必要的：商品、服务的主要提供商得到支持，这对于企业和消费者都是大有裨益的。在某些情况下，现任提供商的地位可能因所处位置的经济状况而十分稳固。例如，比特币矿工可能会成为自然垄断者，因为投资采矿厂的固定成本很高。同样，特定的数字货币（例如，比特币与比特金）可能通过网络效应而变成自然垄断产品。在公共政策方面，限制垄断权力寻租的一个共同对策是把垄断领域变成公用事业领域，实行民主管理，例如美国的地方供水排水委员会。无独有偶，比特币矿开始变得与中央银行相像。事实上，中央银行在货币稳定治理机制方面具有丰富的经验，而且对数字货币也产生了积极的兴趣[14,15]。

提供商的地位和现行流程一旦确立，局面难免会固化，因而抑制创新。抑制创新可能是善意监管的副产品。监管机构及其职责会随着时间不断变化，一方的监管机构通常能够很好地适应另一方的监管机构。银行审查员知道对经营良好的银行可以有什么样的期望，反之亦然。有些人认为，公用事业的这种治理方法可能会扼制竞争，而竞争能够破除垄断。

把特定利益相关方或市场参与者置于其他利益相关方或市场参与者之上，可以产生积极效果，但也会产生消极效果。例如，如果旨在确保治理、基础设施、抗风险能力等目的的事先规则在指定（法律上或事实上）可信采矿者方面发挥作用，那么人们对该系统在抗风险能力和解决办法方面的信心可能会增加。但是，同样的动机也可能造成意想不到的后果，例如，把系统的密钥交给一组市场参与者，而没有给其他市场参与者。这样做的结果是，本可以提振信心的规则很有可能会破坏人们对该系统的信心。无论如何，政策制定者都希望从促进系统稳定发展的角度来观察该系统如何演变发展。

金融系统采用区块链技术，可能需要考虑把一方的利益置于另一方的利益之上，特别是在设计法律结构时，要考虑到金融中介机构的存在。例如，衍生品市场目前按照新制度进行管理，引导交易流向注册清算所，在清算所进行有组织的交易和中央结算。如果在这些衍生品市场上开发了一种区块链技术，允许双边交易，而不需要集中交易、清算和结算，那么可能需要改变法律和监管机构的做法。为了避免监管套利，监管者需要使用与银行的资本要求相同的方式进行协调，或者为其他市场参与者制定规则。监管部门需要考虑的是如何进行监管，以便继续监督、保护金融系统的工作。

缓解更广泛的次级效应（Secondary Effects）。监管部门在考虑活动近期目标的同时，还要考虑到它可能产生的更大影响。法律干预可能促进也可能阻碍具体行动，但也会促进效率的提高、分配的公平等。

良好的规则通常有助于用户和提供商内化（internalize）活动的成本和收益。良好的规则也会尝试避免不必要的负担，例如繁重的工作汇报。在联邦政府，本原则已编入一系列行政命令和《白宫预算办公室行政通告 A4 号》（美国行政管理和预算局，2003 年），概述如下：

　　　　"监管分析的重要目标是：（1）确定联邦监管对于实现社会目标是否是必要的、合理的；（2）阐明如何以效率最高、负担最小、最具成本效益的方式设计监管架构[16]。"

　　上述原则主张实行监管限制。比特币模仿传统的黄金标准，任由其货币政策自由发展，可见其自信。但它作为便捷支付媒介，要想继续存在下去，不能超越自身的作用范围。

　　规则必须是可以被社会接受的；规则必须"符合"文化规范和条件。在美国，个人自治和契约自由的传统，可能使某些似乎合理的监管干预无法让人接受。事实上，在许多情况下，美国的个人所得税制度是建立在自我报告的基础上，而不是由政府直接监测纳税人的交易和活动。因此，即使区块链技术具有通过支付系统获取应税所得的能力，社会是否会接受这种能力依旧存疑。同样，如果规则仅是为了提高效率，那么规则可能也是不可接受的，因为这违反了"公平"原则。有一个相关的概念叫作"认知接受性"（cognitive acceptability）。许多争论中的经济问题，如自由贸易、货币扩张、经济衰退中的公共支出，都具有反直觉性质，大众群体对此很难接受。区块链技术是建立在复杂的数学和技术基础之上的，在理解上可能也面临类似的挑战。

　　创新的另一个重要层面是"生成性"（generativity），也就是"自我参照模块性"（self-referential modularity）。有了该属性，系统可以实现预想不到的结果。乐高积木体现出了这种生成性。用乐高积木可以组装成各种各样的模型，极富创意。特制的飞机模型可能比乐高积木组装的模型更逼真，但是这种特制的飞机模型不能像乐高积木一样，可以轻易转换样式。在规则领域里，互联网开放体系架构的部分成功因素就是其生成性产生的[17]。在 Facebook 或优步的起步阶段，没有人预见到它们可以发展成今天的规模。

最初，区块链技术是为了比特币而开发的。如果区块链技术能够改造现有的金融系统，那么该技术也具有生成性。生成性也是监管创新技术的一个理想属性。不过，具有生成性的系统中也存在风险。系统预想不到的结果并不总是良性的，开放的系统可能对"掠夺俘获"（predatory capture）更加开放。如果有显著的出现损害的可能，预防原则会限制创新，同时也会阻碍生成性及其可能产生的难以预测的结果[18]。

系统性关切。政府对金融监管有何关切？政府除了想防止损害、促进增长，还十分关切系统的稳定性。虽然有一个或多个政府机构（有时是联邦政府机构、有时是州政府机构、有时是二者兼而有之）来监督或管理每一个领域，但没有一个政府机构能够监管整个系统。金融危机后，美国成立了金融研究办公室和金融稳定监督委员会，这些机构确实有监管整个系统的能力。

在某些情况下，向区块链迁移对目前的金融系统及其监管框架几乎没有什么影响。例如，区块链作为结算解决方案，可以简单地替换当前的数字账簿，同时仍驻留在由中央存储库控制的分布式账簿中。这有些类似于纳斯达克证券交易所正在进行的试点项目[19]。

另一方面，区块链兴许会严重干扰金融系统的其他方面，使参与者（可能是重要参与者）金融脱媒。这说明监测活动、风险管理对于保护金融系统免遭破坏是何等的重要。

管制手段：监管"工具箱"

传统的监管和治理体系往往使用配备较为齐全的"工具箱"，进行干预和约束活动。这些干预和约束可大致分为在事前应用所受到的限制（事前约束）和事后应用所受到的限制（事后约束）。区块链创新技术或人工智能这样的金融科技为我们的大量金融交易奠定了基础，人们期望能够有一种类似的方法来管理实现交易的合同及合同双方。

　　最极端的事前干预便是禁止：禁止某项活动，很容易让人联想到民事处罚或刑事处罚，因为只有在处罚的威慑之下，人们才会遵守禁令。这样的禁令可以是概括性的禁令，也可以是针对特定情况的禁令。像监管、审查和监督这样的事前约束方法虽然没有那么严格，但往往让人联想到"最佳实践"。事前约束可能阻碍生成性创新，因为这种方法可能会约束人们采取的行动并限制所采用的技术，甚至没有回旋的余地[20]。不过，事前约束可能适用于风险高、后果严重的情况。行为的事前约束也往往会有效保护老牌企业，因其工作流程通常能够很好地遵守规则。事实上，老牌企业和约束规则往往会共同发展，最后达到一种平衡：老牌企业和约束规则能够互相适应。支持者常常认为，金融领域的区块链方法将打破这种次佳平衡，因为这种平衡并不是最理想的。

　　更加温和、更加灵活的事前监管，可以确保个体行动者（例如，负责预先查验的美国运输安全管理局）或系统（有着行为规则的自律机构）达到最低行为质量标准或最低行为标准。登记和许可证管理可以遏制违规行为，因为违规行为可能造成许可证被吊销，威胁参与者的利益。登记制度可以保持监管工作的灵活，但往往与已确定的监管方法相关联。会员资格要求会员尊重俱乐部的规范。另一方面，登记制度可用于向持怀疑态度的用户证明注册人的信誉，这样的监管有助于促进活动的发展。例如，美国国家期货协会作为受委托的自律机构，实行登记制度，对从事期货行业的公司、个人进行认证。在这种情况下，期货行业本身采用了事前登记机制。

　　事后监管对创新的支持力度更大，因为这些监管方法允许活动继续进行，只有在创新出现不良后果时才实施处罚。事后处罚的依据可以在刑法规定中找到。事后处罚主要看后果，而不是活动本身。匿名的数字支付不是非法的；支持洗钱集团的匿名数字支付很可能就是违法的。如果匿名的数字支付没有触犯刑法，而是触犯了民法，就要受到民事处罚。无论是因为受到公开煽动或私下教唆而触犯了民法，都要受到民事处罚，这些民事处罚应包括通过吊销许可证、签发禁令或提起诉讼程序来阻止/中止非法活动。

监管制度往往要监管并处罚这些违法活动。美国证券交易委员会要求对发行人、交易所和经纪人进行登记。登记后，他们持有的许可证可能会因为违法活动而被吊销。美国有关于欺诈的一般禁令，也规定了对其后果的公私救济，甚至是刑事处罚措施。美国同样有具体的披露和报告要求，以及根据安全港规则批准的具体做法。

通过技术本身进行内部监管：源代码即法规

在监管技术活动（如区块链）时，人们很可能把技术活动的可取做法纳入技术本身。正如劳伦斯·莱斯格在提到互联网时所说的那样：技术系统的体系架构规定了技术的应用范围[21]。在某种实际意义上，行业规范就是法规。

像比特币这样的区块链应用，能够在有限的法律干预下运行，原因是比特币的技术架构使它能够抵抗各种攻击。尽管如此，外部权威机构会要确认比特币技术架构所做的是否在其自身界定的范围内；或对那些试图滥用比特币的人加以社会性惩罚；或坚持建立抵抗风险和树立信心的机制来加强系统的稳定性。最近对"以太坊"（Ethereum）系统（在下面详细讨论）的黑客攻击就说明了这些问题。

内部监管给监管机构带来了挑战和机遇：监管机构能否参与系统的创建，以便把法律规范写入源代码中呢？系统设计师会欢迎监管机构参与其中吗？在什么情况下，监管机构会对系统漏洞承担责任？监管机构既是规则的执行者，又是系统的合作创建者，这是否会削弱监管的有效性？这种合作是有先例的，不过，设计师与监管机构之间的敌对关系也是有先例的，敌对关系会使合作变得非常困难。

特定架构的系统性效应也证明了社会干预的必要性。个人为了狭隘的自身利益而采取的行动可能会在系统层面积累、叠加，引发银行挤兑、定价泡沫或集中风险敞口等后果。人们没有理由相信，区块链的功能对这种突发的系统性事件有自然的抵抗力。2013 年，比特币交易平台 Mt. Gox 就说明了这一点。当时，该平台控制着比特币 70% 的交易[22]，后来却有价值超过 4 亿美元的比特币被挪用、盗取。尽管比特币区块链是分布式的，但比特币的市场状况造成了反常的资源集中，行为不端者正是利用了这些弱点。对此，人们可以采取技术措施和其他措施，将这种机会最小化，控制不端行为的系统性影响，这可能是未来区块链技术的一个特点。

谁来监管：联邦政府、立法机构和监管机构

规则起源何处，规则如何实行，这些问题都值得重新审视。立法机构颁布的法规是政府监管制度的法律依据。美国实行的是普通法体系，这意味着立法机构和法院都享有立法权。法院在裁决具体争端的过程中负责解释法律。法院享有立法权，这种制度有助于使现行的法律原则适应新的情况。因此，即使法规没有具体提及区块链，但法院仍然可以通过解释现行法规来管辖区块链活动。法律允许法院适用更加灵活、更加具体的规则，这些规则可能是政府制定的，也可能是众多私人行动者在长期实践中约定俗成的。例如，早期的证券交易所在监管它们的监管机构成立之前就已经存在了。

许多监管制度，包括大部分与金融相关的监管制度，都由相关监管机构（如美国证券交易委员会或美国联邦储备局）实施。这些监管机构通常获得授权，制定具体规则，以执行法规规定的更加具有普遍意义的任务。规则的制定可以使现行治理制度适应区块链的各种应用程序。监管机构通常也是登记、许可证发放、检查、认证等监督工作的执行机构，有事前监督，也有事后监督。当民法或刑法遭到触犯时，美国司法部也可以帮助执法。

在美国，各个州和自治领地也有立法权。许多州的合同法和商法都将引入与区块链相关的内容。例如，佛蒙特州最近通过的区块链授权立

法，特拉华州发起的区块链倡议，都旨在发展有利于创新的法律环境[23]。法律对技术（如区块链）的各种应用可能产生影响，而制定和执行法律的环境是产生这种影响的一个重要因素。

7.3 具有普遍适用性的法律：合同和票据

在今天的大背景下，我们现在可以研究法律和监管如何适用于金融体系的未来发展。特定的金融创新成果，无论是基于区块链、移动设备，还是基于其他技术，都会在特定领域与监管相互影响。金融创新成果还经常与广泛适用的法律规范原则相互促进彼此的发展。

在本节中，我们首先探讨一些有广泛应用潜力的大原则，特别是其中对票据和合同有影响的。在后面的章节中，我们将研究交易市场、身份和系统监测等方面的具体使用实例。虽然区块链技术等创新技术适用于一些重要的金融服务领域，但我们希望，读者通过深入研究这些领域，能够总结出监管与金融科技之间更深层的互动原理（特别是在上文提到的"为什么监管和如何监管"的背景下）。在开始评论前，我们要重复一下我们的提示：解读未来，本质上是在做推测。我们提出的有些观点将会实现，而有些不会实现。此处所做的分析只是我们分析工作的起点，而不是一张确信无疑的完整路线图。

授权立法：现有的规定

许多金融交易都是围绕合同和票据进行的。合同和票据都是法律认可的文件，而且有完善的法律体系来处理这些落实在笔头上的合同和票据。在美国，处理合同和票据的基本法律体系主要是由州法律构建的。合同、财产、公司、流通票据，这些都受诸如纽约州、加利福尼亚州、马萨诸塞州、特拉华州等州的法律管辖。在金融市场上，美国联邦政府的立法范围覆盖了一些关键领域，如美国证券、货币和银行业。区块链技术在建立信任方面能够替代传统法律的一些做法。但据我们估计，法律法规在区块链应用程序建立信任方面发挥着重要作用。本节将首先探讨法律干预的实例。在这些实例中，法律的编纂使区块链活动成为合法活动。损害预防和信任建设方面的目标是相互关联的，法律法规将实现这些目标，本节也将探讨这些目标。在损害预防和信任建立这两方面，本节将研究现行法律的适用情况，以及在处理区块链及其业务的具体问题上能够预见的变化。

第一个问题是，现行法律法规在多大程度上可以适用于区块链数字交互所创建、存储、执行的应用程序。《统一电子交易法》（the Uniform Electronic Transactions Act，UETA）是由美国统一法律委员会颁布的一部很有分量的法律[24]。1999 年，这部法律的草案在大多数州获得通过，有些州对该法进行了修改。抵制该法的州包括纽约州和伊利诺伊州。《统一电子交易法》认可以数字形式记录和"签署"的交易，可以不在纸质文书上授权，直接在数字原件上授权。《统一电子交易法》的序言部分说明了该法的目标和宗旨：

> "《统一电子交易法》的目的是通过认可和实现电子记录和签名的效力来消除对于电子商务的法律障碍。本法不是一般意义上的合同法，合同法的本质原则不会因为本法而改变。同时，本法也不是关于数字签名的法律。如果州有《数字签名法》，那么《统一电子交易法》的目的就是支持《数字签名法》。"

虽然《统一电子交易法》没有明确针对区块链和其他创新技术，但该法涵盖了大部分通过区块链系统记录、执行的合同和票据。该法不一定适用于记录那些不具备交易特征的单方声明。

在工商企业界，有些州特别授权，公司的章程和股票及有限责任公司的经营协议可以使用数字原件。例如，《佛蒙特州商业公司法》第

2.06（b）款规定，公司章程"可以存储在任何有形媒介或电子媒介中，或者通过任何有形媒介或电子媒介对公司章程进行描述"[25]。佛蒙特州最近还颁布了一项法规，明确表示认可区块链记录。

授权立法：可以增加的法律规定

上文所述的授权规定，可能适用于以区块链技术为基础的平台所使用的合同和票据，但这些授权规定大多是在这种技术创新背景之外制定的。为了充分发挥商务区块链和金融区块链这类技术的潜力，制定一些有针对性的法律可能会大有裨益。例如，《统一商法典》是另一部被广泛采用的国家法律，解决了各种商业惯例（包括流通票据）的认可和形成问题。"可转让性"是银行票据的属性，指的票据是能通过一个转让过程从第一个持票人转移至第二个持票人，让债务人根据特定人或公司的"指令"（order）向第二个持票人开具付款支票。该第二个持票人也可以通过背书（endorsement，传统指在票据背面签名）的方式将该银行票据再转让给下一个人。这样一来，债务人就得向这个新的持票人开具付款支票。"凭×××指令"这几个字特别重要，有了这几个字，银行票据才有了连续的可转让性，直到该票据的最后一个持票人将支票兑现，要求债务人根据票据付款，或是在其他方面实现票据上隐含的交易。

该转让过程的大部分可以通过区块链的连续所有权机制实现。例如，使用区块链进行虚拟货币或实际货币的所有权转移，可以在不需要银行中转的情况下完成支票的大部分操作。在这里，区块链使用一个稍有不同的过程来取代传统的"议付"（negotiation）过程。为了获得更好的法律认可，区块链的这种做法将得益于《统一商法典》中的具体规则，这种做法可以作为对现行议付条款的修正，也可以作为《统一商法典》下的一个新条款，后者或许更加富有成效。

通过区块链进行的托管安排也可以受益于具体的法律认可。如果你把某种数字触发机制应用于区块链货币转移，那么你就创造了一个看起来很像传统托管协议的东西。然而，与议付的情况一样，要想全面实施，就需要有一套适应区块链特点的托管安排规则，而不是仅从其他方面借用规则，借用的规则不可能完全适用于区块链。

上述例子表明，区块链有潜力成为表达和执行合同和票据的工具，起草并颁布授权立法将有助于挖掘区块链在这方面的潜力。区块链的支持者不应脱离传统法律，而应寻求与法律立法机构合作，制定明智的解决办法，在美国和其他国家广泛实施。

损害预防和信任建设：现行法律的适用

我们在本章一再强调，人们对各种应用程序，既要建立信任，又要有对各种有意无意的损害有防备之心。损害预防和信任建设的工作应该齐头并进。金融市场的运作相当复杂，甚至某些专家都不甚了解，区块链技术更是如此。金融市场和区块链技术都可以视为"信任品"（credence goods）。在这种情况下，许多用户不得不在没有能力对其进行有效监控的情况下相信供应商的诚实[26,27]。"信任品"市场往往通过值得信赖的监管体系的干预而得到加强而不是削弱。金融合同、票据的发行和交易方面的监管，大多是为了损害预防和信任建设，现行的监管制度在很大程度上将为实现这样的目的而使用区块链。

欺诈是通过误导性陈述或隐瞒相关信息而进行的主动掠夺，是金融市场典型的预防性监管目标。美国证券法中的反欺诈条款数量众多，适用范围广泛。有些条款是针对证券买卖欺诈行为的典型事后处罚。在这种情况下，证券涵盖广泛的金融合同和票据，也将像纸质版本一样，涵盖使用区块链技术表达的合同和票据。这些事后处罚法规中，最突出的是美国《1934 年证券交易法》第 10 条 b 款及其在 10b.5 规则中规定的实施措施，具体规定如下：

"任何人直接或间接利用任何州际商业手段或工具、利用邮递

金融科技前沿

或利用全国性证券交易所的任何设施，在与证券买卖相关的活动中从事以下行为的，均属违法：

（a）利用任何手段、计划或诡计进行欺诈；

（b）对重大事实做出不实陈述，或者省略对必要重大事实的陈述，参照做出陈述的情况，使陈述具有误导性；

（c）参与对他人构成欺诈或欺骗的任何行为、做法或业务过程。"

如果区块链证券交易的参与者都在美国，区块链本身可能会被视为"州际商务工具"，所有基于技术的市场或交易平台也会被视为"州际商务工具"。这一规则规定了政府对民事和刑事处罚的责任，以及受到行为损害的个人和企业主张民事诉讼的诉因。毫无疑问，根据现行法律，如果对区块链证券交易的欺诈行为符合10b.5规则和司法管辖要求的规定，就会受到起诉。

针对区块链欺诈行为，10b.5规则不是可以援引的唯一法律。针对"电信欺诈"（wire fraud）的法律还有联邦法律（《美国法典》第18卷1343条）以及一些州的反欺诈法规，它们可能适用于利用互联网等工具进行的区块链欺诈行为。

除了事后处罚之外，证券法还规定了一些报告和信息公开要求。这些要求适用于使用区块链表达的合同和票据及纸质的合同和票据。在证券法的背景下，归档和披露的要求是普遍存在的。例如，如果一家公司通过区块链发行证券，那就有必要按照《美国1933年证券法》进行登记，就像传统发行证券的方式一样。更具体地说，当一个人收购了某上市公司超过5%的股票时，就需要提交披露收购人信息的附表13D。同样，证券法也适用于基于区块链产生的利息，而不必考虑可能在平台运作时产生的匿名效果。在另一个例子中，公司内部人员（公司的高级职员和董事）以及拥有公司注册股权证券超过10%以上的受益所有人对证券的拥有、购买和销售，都需要通过提交美国证券交易委员会表格3、4或5来实现。无论人们匿名的目的是什么，符合标准的区块链交易都要求提交这类表格。

根据现行证券法采取的另一种策略是，要求和证明私人管理结构。这种"自律组织（self-regulatory organization）"的策略是根据《美国1934 年证券交易法》制定的，最初适用于纽约证券交易所这样的证券市场和美国证券交易商协会。最近的兼并和重组产生了其他组织，如美国金融业监管局。这种做法意在让这些组织在美国证券交易委员会的许可下，拟定并报告其运作和治理的规章制度。前提是，各组织要比监管机构更好地了解自身业务需求，并且应当成为治理办法的拟定方；事实上，因为许多自律组织现在都是相互竞争的商业行为体（例如市场交易所或中央结算所），它们提供有竞争力的产品，而这些产品对于可能选择在竞争对手市场做生意的市场行为体来说，可以被视为安全和公平的。另一方面，监管机构应当注意到，尽管利益是一致的，但有些有害或令人反感的做法可能会被用于业务运营。在考虑到灵活性和生成性的同时，仍然要建立信任，避免损人利己。

人们可以想象，现行法律规定的方法也将适用于区块链提供商，像比特币区块链这样的金融应用建立了自己的流程和运营结构，但仍然需要监管、监督和审核。

损害预防和信任建设：制定新法律

现行的法律法规不能涵盖本书提到的全部任务。我们需要制定以损害预防和信任建设为目标的新法规，以应对具体的区块链挑战。例如，使用区块链制定的合同可以自动执行，并且不能撤销，这种能力有时可以看作是区块链技术的一大优势。不过，在存在欺诈或出现错误的情况下，可能有必要废除不可撤销的合同。如何在区块链平台上构建一个"重置按钮"（reset button），同时还要保持区块链的完整性（其核心特征之一）？这个"重置按钮"是否需要安全措施，用不用"人工重置"？重置按钮这种情况的出现可能需要怎样的法律审查和法律干预？合同常常包含"可分割性"条款，即合同的某一特定条款因为违法而被法院裁决无效，但合同的其他条款仍然有效。在这种情况下，法律能否允许合同在剔除了该违法条款以后仍发挥作用？如果不能，是否可以重写合同，令其实现新的意图？下文的第 7.4 节将更全面地探讨这些问题。

随着新产品的开发，人们可能需要新的规则。我们仍然经常憧憬着，区块链技术等金融科技创新能够让我们把当下已熟悉的工作完成得更好；我们只是刚刚开始期待，这些创新技术在订立、执行协议和有法律效力的文书方面能够大显身手。颠覆性的变化正在发生，但很难事先预测到结果。可以预见的是，法律继续发挥既有的作用，使新技术值得信赖。

协调和标准制定

政府活动的最后一个方面，是提供软件协调和标准制定机制，这些软件可以促进各个平台的发展，用可执行的代码表达合同和票据的条款。虽然人们可以尝试制定这种标准，但总的来说，政府希望能够发挥自身催化剂和召集人的作用，帮助私人行动者就共同标准达成协议。美国国家科学技术研究所发挥了自身的这种作用，这种金融市场活动是美国金融研究办公室工作任务的一部分。

为了实现这样的目标，人们开发一种"法律规范语言"（Legal Specification Language），这种规范语言能够表达和执行对许多合同和票据至关重要的事件和后果的排列。法律规范语言能够使区块链技术从建立交易记录的账簿转变为进行交易设计和执行的平台。"智能合约"和"智能证券"将成为数据规范生态系统中可快速计算的对象。法律规范语言和数据规范生态系统的要素已经存在；制订完整的计划不仅需要时间和努力，而且还需要政府能够在协调和标准制定流程中发挥积极、有益的作用。

智能合约的技术和法律层面

作为比特币系统中基本区块链系统的延伸，智能合约由于具有某些前景广阔的功能而受到互联网技术界的关注。如今，智能合约可以被认为是一种能够运行在具体"计算架构"（computing architectures）上的可执行代码。一个给定的智能契约可以在一台计算机上（即区块链系统中的一个节点上）单独执行，或者与自身的相关副本一并执行，或者跟与其相关的（或由其衍生而来的）其他智能合约一并执行。一组智能合约可以被设计成同时执行，也可以被设计成以级联或交错的方式执行。不同的执行方式可能对合约的结果具有重大影响。

智能合约的实际执行涉及到多个当事方。这些当事方包括：智能合约的发起人；执行合约的计算机/节点的所有者或操作员；外部数据源；合约对方。这些当事方可以位于或不位于同一法律管辖区内。

今天，在智能合约方面，存在一些具有法律意义但尚未解决的技术问题，例如，经过认证的数据源，正确、完整的执行、取证及事后证据，以及跨司法管辖区的智能合约的执行。所有这些都可能成为智能合约标准制定的目标，从中政府可以发挥重要作用。这些内容超出了本书的讨论范围，但作者可能会在未来进行讨论。

7.4　具体使用实例：交易记录和交易市场

人们已经做出了努力，利用新技术来改变证券的发行和交易方式，例如美国理财公司 WIT Capital 或美国投资银行 WR Hambrecht。但是，人们未能向市场参与者提供足以令人信服的、能引起广泛变化的价值主张。随着区块链技术的兴起，现在连全球最大的老牌证券交易所的领导层都承认，区块链技术对目前的交易方式构成了威胁。本节将探讨在证券发行和交易领域的几个关键技术创新问题，以及它们的监管对策。

区块链背景下的证券发行和交易

大多数股票和债券都是有价证券，所有权的归属是公开的信息，并且记录在案。自从 1982 年以来，美国依据《税收公平和财政责任法》禁止发行不记名债券，这是不可争辩的事实[27]。从本质上说，证券所有权记录是记录"事实"的过程，并就其真实性达成分布式共享协议。由于区块链在共识机制下管理交易具有真实性，因此在原则上，设计合适的区块链可以很好地适应证券转让和所有权记录这样的任务，并能使执行任务的过程更加准确高效。而且，因为市场中的任何参与者都可以验证交易，所以区块链的分布式特性可以在系统中产生更强的信任感，并且由于不可撤销的账簿易于访问，监管监督会变得更加容易。证券发行后，证券大部分时间都在交易市场流转。因此，证明证券的转让和所有权的专有性就变得至关重要了，就像在区块链数字货币的执行情况中一样。为了使记录系统发挥作用，还必须解决与之相关联的身份问题，本章稍后将讨论这一问题。

许可链可以解决参与者的身份问题和所有权的专有性问题。比特币区块链（Bitcoin blockchain，BCBC）协议不太适合解决这些问题，因为该协议为了模仿传统现金（硬币或纸币）的支付方式，力求保持参与者的匿名性。《税收公平和财政责任法》的提议人已经注意到了上述问题，所有权验证有多种目的，包括征收财产税和资本利得税，因此需要一个公认的系统来验证所有权。然而，麻省理工学院等机构已经提议设立用于隐私保护、交易追踪的系统。其中，身份信息可以由可信的第三方管理，但是交易中特定参与者的身份可以加密屏蔽。该系统允许人们对受益所有权进行匿名交易，除非遇到了司法调查（比如，有管辖权的法院发出了调查令），此时，负责管理身份的实体机构可以选择性地发布司法机关所需的信息。

我们如何确定谁"在墙内"，也就是说，谁可以把区块写入区块链？鉴于对区块链索引的预先了解是有价值的（可交易），在达成共识时，谁来阅读区块链上的区块？某些版本的许可链允许一小部分可信参与者互相交易，这类似于私人交易网络。然而，这会排斥小投资者。我们还可以创建一个许可的公共区块链，其中只有一些参与者具有"写入访问权限"，但任何人都可以"读取"交易流，这可能会保持目标相互竞争时所需的平衡。

如果执行出现错误，我们该怎么办？比特币区块链和大多数其他区块链在出错时，没有便捷的"撤消"机制。例如，一个小的编程错误迫使骑士资本公司（Knight Capital）以每分钟 1000 万美元的速度损失了 4.4 亿美元，之后，该公司不得不将自己出售给了别的公司[28]。为了避免这种情况，人们可能会严格验证参与者的身份，但这也将偏离比特币区块链原始协议所倡导的用户匿名化。在出现错误的情况下，可以写入"更正分录（correcting entry）"，但需要获得交易对方的同意才行。举例来说，如果 Snidely（人名）明知有误，仍然接受对方的转账，在没有法院命令的情况下，就很难撤销（即便撤销，也可能会导致依法索赔）。

2016 年 6 月发生的大规模区块链故障说明了这一问题。这一次，以太坊（Ethereum）成了黑客攻击的对象，黑客使用了"攻击者"这个名字[29]。有一个叫作分散式自治组织（decentralized autonomous organization，DAO）的数字货币基金，黑客利用了该基金的编程缺陷，把 360 万以太坊币（当时价值约 5300 万美元）转入他的账户。以太坊的联合创始人通过冻结 DAO 令牌进行了反击。然后，黑客在 Pastebin 网站上发帖，声称这笔钱是他/她的，认为以太坊链中的交易记录可以证明唯一的所有权归属，任何试图更改记录的行为都将违反规则，从而使伤害雪上加霜。尽管黑客威胁要聘请律师对付那些试图弥补漏洞的人，但与该平台结盟的黑客反制方还是设法夺回了大部分以太坊币[30]。

求助于自发组织的网络警察（cyber vigilante），以反击对系统架构的掠夺性攻击的做法表明，相信技术可以替代权威的管理机构可能是一

金融科技前沿

种失败的策略。相反，创建某种协调或纠正制度似乎越来越成为区块链交易体系的必要元素。这种能力的实现最终还需要一名仲裁员。在传统市场交易或履行合同过程中，我们依靠法律或论坛条款来建立纠正制度。我们也可以通过仲裁或特定市场的委员会来实现对私人的裁决。我们的选择很多，但至关重要的是，要选择到合适的。

结算与抵押

交易结算要经过多个环节，其中许多环节是在电子记录出现之前就已经存在的，因此交易结算有可能利用区块链技术实现自动化。证券结算大多涉及股票、债券的所有权声明。这与最初的比特币区块链基本一致，跟踪某些货币的连续所有权。在一定程度上，这种做法能够奏效是因为个别货币的定义清楚、识别容易，而且所有权是具有竞争性的。其中的道理在于，在每一时刻，货币与其所有者之间都存在一一对应的映射，人们能够跟踪单一货币的所有权关系，不会随着时间的推移而中断。此外，如果注册服务商的区块链使用分布式账簿，那么可以调整比特币区块链的采矿成本，以鼓励分布式共识协议下的真实投票。许多区块链的变体能够管理这种用于记录所有权的分布式账簿。

对于区块链的某些法律应用，文档的保管链也起着十分重要的作用，重复使用或再抵押担保品的债务链与其相似。非托管的再抵押担保品债务链是 2008 年 9 月美国雷曼次贷危机发生的一个重要因素。担保品的再抵押现象经常发生在双边场外交易市场。在场外交易市场，可信的担保品质押分散注册点，对于管理良好的区块链来说可能非常有价值。然而，准确的身份识别与验证能力（存在于许可链，但不存在于比特币区块链）对于开展这项注册工作是至关重要的。

可扩展性是另一个关键。比特币区块链协议管理着分布式交易账簿，因此必须向前回顾所有历史交易来计算个人"账户"的当前状态。由于当前现金和证券的库存在结算过程中属于关键变量，因此需要经常进行这种计算。目前尚不清楚这一结算过程能否充分扩展，尤其是在高频交易占主导地位的股票市场。一些意在解决区块链可扩展性的方案提出创建"子共识"（sub consensus）节点，这些"子共识"节点可以聚集成更大共识，但这只会加剧上文提到的协调问题。

同样，比特币区块链协议并不直接支持现金和证券间的替换，而是依赖较笨拙的过程，即多次一次性转账，然后开采并返还适当数额的"零钱"。过程引入了协调责任负担机制，以确保这两个消息被认定为同一合法交易中被撤销的部分。原则上这种做法应该是直接可行的，但实际经验表明[31]，金融市场并不总是能够让交易保持一致。在实践中，争端是可预估的，我们也需要一些解决争端的机制。有可能训练一个由机器进行调解的争端解决系统以提高效率，但完全消除人为干预（至少在近期内）可能仍不可行。

我们已经看到在使用高频算法交易的市场中偶尔发生的闪电崩盘。在许多情况下，人们在交易地点采取干预措施，以取缔和撤销交易。这些情况涉及到"已完成"的法律协议里第三方（交易所）的单方面撤销。显然，这不是事情处理的最佳状态，但在闪电崩盘的条件下，单方面取消合同比大多数备选方案更加可取。然而，这需要交易各方关系之外的某种可信关系，还需要某种形式的有效授权，允许交易场所按照一套预先确定的规则行事，或在授权机构事后参与的情况下行事。区块链技术同样存在前面提到的"撤销"问题，区块链被设计成一个不可撤销的账簿，所以撤销错误是很麻烦的。

交易监测

区块链定义了在共识机制下的真实性。在实践中，我们应该期望看到由许多大小不一的区块链组成的生态系统，为具体的社区和目的界定各种"本地的真实性"。人们赋予区块链法律地位，并把区块链作为合同履行的证据的行为不断取得进展。在这样一个世界里，两个相互竞争的区块链系统各自认定的"真实性"最终将不可避免地发生冲突。区块链共识机制本身有可能帮助协调分歧。然而，这种协调并不总是会发生，因为每个社区的共识偏好都可能是容忍分歧。这再一次显示了创建对账机制的重要性。行业协调工作（如 Hyperledger 和 Interledger）需要考虑金融证券具体影响的细微差别，人们需要围绕证券交易采取新的协调行动，从而实现对账。

假设行业区块链成功地执行了当前由传统复式记账、后台确认以及对账过程处理的许多低级数据验证工作，这些区块链就可以成为监管机构进行监督，以及记录档案和执行《反市场操纵法》的中途站。这引发了一些问题，包括：系统监管者在不侵犯个人隐私的情况下，可以有多大权限访问这些细节；在什么情况下应允许监管者升级访问权限；由谁来决定是否允许升级权限。

7.5　具体使用实例：区块链环境中的身份、信任和数据安全

如本章其他部分所述，金融服务业必须能够为经济的其他部分提供核心服务，而系统的稳定性（能够提供这些服务的稳定性）取决于对系统的信任、可靠性、抗风险能力以及操纵系统的稳健性。区块链技术有很大的潜力，但需要与现有技术、新兴技术结合以改进身份管理和信息安全，从而满足系统需求。

现有基础设施

金融系统依赖于由各种网络系统组成的迥然不同的网来构建基础设施。这些网络必须精准明确地识别出转移资金或结算证券的工具和当事方。其中的一个网络是 SWIFT（环球同业银行金融电讯协会）管理的支

付系统，该系统在中央银行和主要金融机构之间转移了大量资金。与支持我们金融系统的众多基础设施一样（无论是否是为促进贸易、投资、支付系统、风险转移平台等方面的发展而设计的），SWIFT 系统都依赖于可靠的反欺诈能力准确识别交易对方和交易商。

SWIFT 依靠业务识别码（Business Identifier Code，BIC）获得这种准确度。但更广泛地说，金融体系缺乏明确、普遍的身份管理手段。几十年来，我们在金融市场上建立了截然不同的身份识别系统。供应商提供专有的解决方案，如美国银行家协会委员会统一证券代码程式 CUSIP（用于识别单个证券）、邓白氏全球企业数据库的 DUNS 号或者市场调查机构 Markit 的红码（用于识别信用违约掉期中的参考实体）。这些供应商的解决方案各不相同，每个都涵盖了世界金融市场的一部分参与者，但由于知识产权的限制，这些解决方案成本高昂，而且在内部系统之外使用的范围有限。

有效设定市场标准的优质产品已经出现，但是没有出现用于实体识别的优质产品。而且在财务利益的激励下，专有标准保持专有权，使这些标准的所有者能够充分在经济上受益。虽然如果依照共同标准公开数据，所有用户都将从改革中受益，但个别行动者的成本和协作化系统效益的差值不能证明建立全球系统的花费是合理的。而且，由于全球系统是一个具有网络外部性（network externality）的自然垄断系统，如果没有某种外部强制措施，私人参与者是不可能参与合作的。最近，全球各地的政府当局努力通过建立一个"法律实体识别码"来解决这一问题，195 个国家的 40 多万家实体机构已采用这一识别码[32]。这就是有效利用政府召集权的一个很好的例子。

就这些身份管理系统来说，无论是封闭的专有系统（例如业务识别码）还是开放系统（例如法人机构识别编码），识别码的能力都是至关重要的。市场参与者、监管他们的政府当局以及市场本身，都需要有能力知道市场里各方的身份。在市场之间变得更加互通互联时，同样重要的是使这些识别系统可以交互操作。交互操作将有助于监督和风险管理，因为交互操作允许汇总和净额结算风险敞口，可以减少出错或欺诈的机会，并普遍提高对市场和其他基础设施的信心。但这种信心是如何产生的呢？我们如何才能有信心与我们所理解的"对方"打交道？

我们可以采用不同的方法来解决这个问题。有一种方法叫作自我识别（self-identifcation）。如果人们进行准确自我识别的动机很强，而救济措施的成本很低，那么自我识别可能会很好地发挥作用。当交易对方有机会尽职尽责地控制错误识别的风险（或其他交易方的信息，如信贷风险）时，自我识别也可能起作用。在救济措施的成本非常高的情况下（比如打官司），自我识别则可能是一种"充分的途径"（sufficient approach）。同样，在进行重复交易的封闭系统中，准确自我识别很受鼓励，错误识别的附加成本很高，自我识别也可能在该系统中充分发挥着作用。

但是，自我识别也经常与信任源相结合。这种信任源（如驾驶执照或社会保障卡）可能来自政府，也可能来自机构（如 SWIFT 系统；市场竞争的参与者，如信贷提供商；分布式验证系统）。实体机构核查的信任源可以作为上述尽职调查制度（due diligence regime）的代理方。在每种情况下，必要的保障水平（考虑到救济的风险或成本）是根据所提供的信任和证据水平来衡量的。

在分布式系统中，证据源来自何处？鉴于救济的风险和成本，证据是否充分？我们可以设想不同的方法，包括受限制的区块链网络（很像 SWIFT 网络），进入这样的系统是需要证明的。谁会是系统的守门人，又怎能相信这样的守门人呢？

我们的市场目前存在注册制度，在该制度下，交易所和其他市场基础设施必须符合监管机构规定的质量和公平条件，然后才能获得注册，发挥其突出的作用。通过检查、制裁制度及账簿、记录的要求所进行的监督，可以确保该系统的信任规则从一开始就得到持续遵守。

在其他制度中，经济力量和责任制度为信任规则搭建了基础架构。这样的例子可以在"暗池"（dark pool）中找到。在暗池中，大型交易商的封闭网络的设计和运行并不透明，这种特意性的不透明（opaque - by - design）是为了保护交易商的真实身份。暗池的主人有监管和法律上的风险，这给了参与者信心：虽然参与者可能不知道对方的身份，但其投标和报价仍然可靠。区块链的实施需要现行机制来管理交易对方的身份。

但是，如果更多的开放系统可能不是集中管理或集中监管的，而是像许多区块链技术倡导者想象的那样运行，例如以 P2P 的方式运行，那又该怎么办呢？在这样的系统中，参与者自然可以自我识别，但交易对方想要确切的身份认证。分布式网络可以利用网络来提供证明，也可以使用证明检查标准的分层系统（例如，商定的第三方证明源）来确保身份。在这种情况下，自我识别当然是可能的，但它不仅会带来欺诈风险，甚至还会通过隐藏受益的股票所有者来躲避市场变化，这可能会使风险管理经理和监管机构的工作变得非常困难。

至少，如果在受管制市场上使用区块链技术的实体机构要求匿名，政府当局和法院会有权在某个时候披露该机构的身份。在匿名交易中，区块链技术也需要适当变通，确保交易对方是合法的同时，还需要能够披露其身份。当然，这就引出了一个问题，即谁可以披露这些信息，在什么情况下披露，以及这些政府部门（法院、监管机构、自律机构）如何获取密钥并确定这些密钥会起作用。

金融服务系统的关联性对于理解风险管理、监管和监测公司和市场、评估投资及交易对方的风险等方面是至关重要的。这种关联性可以解释风险是如何通过系统扩散的，也可以证明体制中的"风险集中点"（points of concentration）和潜在的故障。市场（例如隔夜融资市场）的失灵如何影响特定的企业，而该企业又面临着其他企业带来的风险，了解到这一点对于金融稳定的监管是至关重要的。要了解"谁拥有谁"和"谁拥有什么"的问题，可以通过监管文件把已确定的经营企业与其姊妹企业联系起来，也可以通过非流动工具把企业与交易对方联系起来。人们提议，区块链技术有助于处理上述问题，比如通过代表衍生品协议的智能合约来解决。因此，正如实体机构的身份需要共同的识别标准和治理框架一样，合同文书及其之间的联系也需要区块链系统的共同标准。区块链系统的治理机制向公司和监管机构保证，这些文书之间的联系披露了准确、可操作的信息。

这些安排有许多复杂之处。例如，所有权可以通过监管备案或公司所有权协议中的明确规定而存在，但也可以通过因外部因素或要求而产生的权益而存在。所有权也可以通过经济利益而存在，例如监管机构将少数股东利益认定为控制股权。代表这些利益的技术（如区块链）需要是动态的，也需要考虑到隐藏的利益，而这种利益只有在利益持有人或监管者做出某些决定时，分布式网络才能看到。这种复杂性揭示了治理方面的难题，政府当局将期望系统有能力应对这些复杂情况。

区块链内部的安全性：监管需求和市场需求

市场参与者和监管者需要保证金融系统中的信息是准确可行的，同时也需要保证支持信息系统的信息技术具有抗风险能力和安全性。美国的金融市场强调公平和透明度，因此被认为是世界上最好的金融市场之一。不过，美国的金融市场也会被市场准入和待遇不平等问题困扰。依靠区块链技术的系统需要具有让人信赖的安全性和抗风险能力，而且还可以改进现有基础设施，解决单点故障和"最薄弱环节"问题。

这种薄弱环节的问题最近体现在 SWIFT 管理的银行间支付系统出现的渗透问题上。SWIFT 是由几家银行组成的一个财团，负责在银行机构和央行之间转移资金。据媒体报道，SWIFT 的客户软件被渗透，该漏洞被用来将资金从孟加拉国中央银行在美国联邦储备银行的账户转移到菲律宾的赌场及其他地方。涉案金额高达近 10 亿美元，尽管大部分未被窃取，但有近 100 万美元仍然下落不明。几周后，第二轮黑客攻击被阻止，原因是拼写错误警示可能存在欺诈行为。值得注意的是，这些攻击不仅仅是为了窃取巨额资金的网络欺诈行为，如果我们的金融体系失去信誉，可能会对金融系统的稳定产生潜在影响。幸运的是，拥有 SWIFT

系统及 11000 名用户的 3000 家金融机构非常积极地阻止了进一步损害。SWIFT 是一个封闭系统，旨在确保金融安全。但薄弱之处在于，孟加拉国中央银行的 SWIFT 软件门户，因欺诈者利用被盗凭据进入而受损。

人为操纵无疑是一个令人担忧的问题，但区块链基础架构能否正常运行的关键可能在于其对网络攻击的抵御能力。区块链的实施将需要设计决策，使系统节点通过渗透、恶意软件释放、拒绝服务等手段破坏整个系统的能力降到最小。

登记式制度可能很适合向参与者提供这些保证，但这种做法需要监管机构能够充分理解，并有完全权限进入系统的关键节点。值得注意的是，证交会有关披露的法律条文，要求上市公司披露重大风险。

年度报告现在充斥着关于网络威胁对企业影响的讨论，但披露信息的重要性可能被削弱，原因是企业要人们相信企业具有抵御这些威胁的能力，这也是企业的正当需求。而未上市的经营实体将不受此类披露要求的约束。

当针对区块链系统的攻击确实发生时，谁将以什么样的权力和在怎样的准入制度下进行介入，打击黑客呢？如果部分分布式网络位于监管范围之外，将如何访问这些网络呢？鉴于资金不会流向不安全或不公平的市场，区块链市场的参与者可能会要求系统接受监管，并遵守相关规则。这给政府当局带来了更大的压力，要求他们了解这些区块链技术及其支持者，提供关于安全和抗风险能力的可核查信息。

区块链内的身份：目前的局限和可能实施的解决方案

目前，人们对数字身份在区块链系统中的作用非常感兴趣，特别是对"公有"区块链（无许可链）尤为感兴趣，例如比特币系统及其底层区块链。比特币系统最引人注目的特征之一是，该系统使用了"自我声明的身份"，这意味着任何个人或实体机构都可以简单地创建一个公钥对，并开始使用公钥对匿名进行比特币交易。人们对于自我声明的身份感兴趣，主要源于人们普遍的社会关切，在一个联系日益紧密的世界中，个人对其数据隐私的控制权越来越小。

自签发数字身份（self-issued digital identity）这一概念，就其可扩展性而然，具有固有的限制。这种可扩展性限制不仅存在于比特币货币系统及其区块链中，而且还存在于良好隐私密码法系统[33]，在该系统中，用户自行发布其良好隐私密码法的密钥对。作为密钥持有人的用户，必须亲自或通过公开的"密钥所有权声明"直接向其朋友和同事提供其良好隐私密码法的公钥。（例如，"良好隐私密码法的密钥签署方"在互联网工程任务组的面对面会议上）

目前自签发数字身份（以自行生成的公钥对形式）是无法扩展的，因为它缺乏与现有基础设施（数字基础设施和现实世界的基础设施）的整合。完整且可扩展的身份管理系统需要在物理世界中建立身份，而不能完全和无条件地依赖现有的身份/服务提供商。我们认为，需要一种新的"自源身份"（self-sourced identity）模型，以便在互联网上提供隐私保护和可扩展性。

身份可扩展新模式的一个关键特征是，这些新模式必须允许生态系统中的实体（i）核实身份的"质量"；（ii）评估身份相对于任何特定机构（例如政府、企业等）的"自由"或独立性；（iii）评估数字身份的信任来源。

如果匿名性是满足用户隐私需求的自源身份的一项要求，那么数字身份中真正的匿名性需要的不仅仅是自发行的公钥对（就像今天比特币区块链系统中的情况一样）。匿名性要求身份具有跨交易、不可链接的特性，防止通过关联攻击、泄露个人信息。即使数字身份具有匿名性和不可链接性，但仍然要求依赖方（交易对方）接受该身份。也就是说，依赖方必须能够评估给定匿名自源身份的来源和信任源。因此，未来的自源身份系统必须涵盖身份质量这一概念，以验证身份的潜在来源信息（即信任源）的真实性。

未来区块链系统的数字身份和属性

我们有许多途径可以用于可扩展的身份管理。为了实现数字身份和属性的理想特征，可能需要发明或引进不同形式的区块链技术和组件。其中包括为参与数据生态系统的实体机构提供报酬的新经济模式，以及有效完成任务的新的工作量证明计划。

（1）**可验证的假名身份和属性**：匿名和可验证的身份 20 多年来已经成为研究的主要课题[34]。其中的一些方案已经在诸如 U - Prove47[35] 和 IdeMix45[36] 的系统中得以实现，并且已经实施了一些部署[37]。由于一些限制（例如缺少使用实例或业务模型），这些提议的系统在互联网中没有得到广泛的部署。比特币系统的到来和新形式区块链系统的潜力，可以提供部署这些现有匿名和可验证身份的使用实例。

（2）**用于绑定和显示属性的智能合约**：区块链 P2P 网络上的节点具有计算智能合约的能力，该智能合约是映射到法律协议上（例如，两个交易实体之间）的计算序列。我们可以进一步开发相同的计算模型，以允许属性（关于匿名身份的属性）与命名匿名身份的合约绑定。计算可以从"盲（blinded）"的属性开始，随后在多轮智能合约交换协议期间释放一个或多个属性。这样，多轮协商就可以逐步展开，争取释放有关交易双方的所有相关属性。此类合同的例子包括拍卖中的投标。拍卖可以从匿名或假名买方/投标人开始，并附有买方的属性（例如买方的财务价值、投标历史等）。

有助于未来区块链系统的可靠身份管理的创新，是通过数据驱动的分布式计算来导出属性。在这种方法中，区块链上的 P2P 分布式节点将各自收集关于身份的数据，并基于每个节点可用的数据执行分析。每个节点首先获得独立于其他节点的"子属性"值或参数（例如单个信用评分）。然后，节点会共同把各自的子属性投入到能够产生完整属性的群计算过程中（例如多方计算算法）。如果对多方计算使用隐私保护算法，那么会有附加的好处：单个节点无法得知来自其他节点的子属性。像 Enigma[38] 这样的解决方案能够为衍生出的属性打下基础。由于前面所述的原因，该过程当然需要是可逆的。

另一个机会在于区块链身份和属性的法律方面，即引入法律信任框架，该框架使用自动合同交换（智能合同或其他方式）来减少通过区块链使用数字身份时的摩擦。该法律信任框架旨在通过一套商定原则、法律追索权的运作规则和机制来减少生态系统各实体的风险和责任。法律信任框架对于在现实世界中接受数字身份和属性是至关重要的。关于身份管理和身份联合的法律信任框架，有一些例子：FICAM[39]、OpenID Exchange[40]、Safe – BioPharma[41]。

可扩展数字身份：可寻址能力、信任源和可验证属性

数字身份有许多理想的特性，可以指导未来身份管理的区块链创新。如果得到满足，这些特性可以满足上述监管需求。

（1）**可寻址能力**：可寻址能力的概念不仅指全局范围内身份字符串具有唯一性，而且还指嵌入身份结构中的语义，从而使其能够充当一种功能。例如，当前的"电子邮件身份"由一个（在域命名空间中是唯一的）名称和一个完全限定的域名组成。这些语义允许 SMTP（简单邮件传输协议）和 POP3（邮局协定第三版）协议之类的协议把身份转换为可路由的电子邮件地址。

（2）**信任源**：身份（在命名空间内）的信任源是从拥有管理该命名空间的权威实体衍生出来或给予的。从本质上讲，信任源为命名身份提供证明，证明该身份确实存在并且与个人或实体相关联。例如，美国公民的社会保险号码，是由美国政府作为管理社会保险

号码的命名空间权威实体给予的。个人的电子邮件地址，是由电子邮件服务提供商作为拥有相应域命名空间的法律实体提供。公钥基础设施服务提供商向用户合法颁发（签发）的数字证书，是在服务合约（称为认证业务声明）中规定的公钥基础设施服务提供商的授权下完成的。在线交易中，从数字身份的法律可接受性的角度来看，尤其是当交易跨越数字世界和现实世界的边界时，信任源的概念就变得至关重要了。生态系统内身份管理的法律方面通常是通过法律信任框架来体现，该框架是一套在生态系统内对身份和身份提供者进行发布、管理、认证的法律程序和操作规则。

（3）**可验证的属性**：与身份信任源相关的，是与数字身份属性相关的信任或权威的来源。属性的信任源通常称为属性权威。属性权威把属性"绑定"（例如通过加密方式）到数字身份。在许多情况下，一个属性可能有几个权威来源，每个来源都以不同程度的准确性做出声明。交易中的依赖方最终会决定接受还是拒绝身份声明。例如，州政府可以是个人居住状态的属性权威（例如，"乔是马萨诸塞州的合法居民"）。私人银行财团可以是某些金融身份信息的属性权威（例如，"乔的信用评分超过 500 分"）。

（4）**隐私保护**：数字身份计划应保护数字身份所有人的隐私。目前，电子邮件地址形式的身份是为了增强可寻址性而设计的，但是却牺牲了隐私。在比特币系统和良好隐私密码法系统中，自签发身份以失去可扩展性为代价，提供了一定程度的隐私。有助于关联这些方案的新范例包括：在许可链上创建可选择加入匿名身份的能力，并配合匿名验证；监管机构遵循适当程序披露身份的能力。

7.6　具体使用实例：区块链、稳定性和系统监管

迄今为止，我们的讨论侧重于政府当局和市场参与者在其直接活动

中的需求，同时还侧重于促进区块链等金融科技的应用规则。同样重要的是，我们能否调整技术和法律框架，以便政府当局、市场参与者、法院能够在系统稳定性受到不利影响时，做出相应处理，避免系统失效。解决方案包括：给政策工具（诸如流动性注入）选择适当的切入点；让有责任心的利益相关者在市场活动失败或失去信心时保障、支持或重新启动市场活动；在可能的情况下，执行平仓交易，解决制度、市场和流程方面的问题。

应对这些挑战，我们的建议分为两大类：

（1）从系统角度对数据进行抽象、评价和分析。

（2）特别是在压力或危机时期，系统地采取明确、有效行动的机制。在传统的金融市场和交易中，上述两项职能一直是少数监管机构的监管领域，如中央银行和美国金融研究办公室的分析团队。迄今为止，依赖区块链技术的数字货币缺乏央行支持。这些货币作为小规模支付媒介运作，而不是作为货币供应来实现通货膨胀、失业，或稳定金融体系。或许正因为如此，再加上缺乏法定货币认定等措施，所以迄今为止，没有一种区块链货币能够规模大到足以引发人们对稳定的担忧。尽管如此，各国央行和其他机构仍在关注这个问题[42]。

本节将首先讨论干预问题，这一点在前面几节中已经展开了一定的讨论。然后，会讨论更复杂的数据问题。

干预机制

在危机时期，无论是支持流动性、防止像闪电崩盘那样的失控，还是防止短期崩盘可能造成的长期损害，人们可能都需要对金融系统的诸多方面进行干预。在这段时期里，支付服务是金融系统的关键产出。加密数字货币的创新者试图扩大或取代当前体系中核心参与者所起的作用，但其系统性的影响尚不清楚。例如，政府当局或市场参与者如何重新启动遭受技术故障或信心丧失的支付系统？同样，在 2010 年闪电崩盘期间，交易暂停之后，区块链技术将如何参与无效交易的平仓？如第四节所述，如果把交易记录在区块链中，市场参与者可能要求把平仓协议纳入同一区块链。也许，因为技术问题（例如拒绝服务攻击或变异的计算机病毒），人们对区块链技术市场的信心会减弱。在分布式系统中，如果没有担保人、管理者或合乎逻辑的乐善好施者，系统将如何让人们重建信心呢？是否存在人工干预的可能性，或者系统的设计者能否坚持防止干预（即便是出于人为操纵的稳健性或保护隐私的考虑，或者是为了实现其他有益的目标）的设计？

虽然这种考虑存在于商业和监管的各个方面，但在处理公司、核心交易对方和金融市场公用事业的问题时，这种考虑对于金融稳定尤为重要。如果系统的关键节点出现故障，不可改变的区块链交易或合同可能会妨碍或阻挠监管机构解决金融机构的问题，这就像国际掉期与衍生工具协会主协议的交叉违约条款妨碍了失败的交易对方转换掉期一样[43]。

数据：提取、评估和分析

自 2008 年以来，人们越来越关注金融市场中个人行为的累积性、系统性影响。正如在其他地方所讨论的那样，在单笔交易中，如果许多个体的行为同时具有支付风险或支付失败的风险，那么整个系统将受到致命的打击。想要尝试理解、预测和改善这种影响，一开始就必须识别和收集有关交易和市场的相关数据。识别关注模式和诊断即将发生的故障都需要获取信息，分离出可靠的信息，并使信息发挥作用。区块链方法既促进了这些工作，同时也阻碍了这些工作。

隐私和匿名在这些工作过程中，属于入门级问题。第一代区块链技术中建立的分散式账簿假设：交易记录要么是完全透明的，要么是完全不透明的。这将帮助人们建立一种共识（该共识对于维护有效的区块链账簿来说是必需的），但是，当参与者希望私下记录交易时，这种做法也会带来一些问题。在执行工作中，分布式账簿必须至少对验证者（可能还有其他人）开放，这就提出了问题：在什么情况下，谁有权限以何种格式访问在监管或风险管理下交易的什么信息？相反，在加密数字货币使用的早期阶段，交易者往往看重匿名性，可能是出于自身清白考虑，也可能有恶意动机。例如，比特币区块链竭尽全力隐匿（或用假名掩盖）交易者的身份。

虽然比特币的匿名性在某些情况下可能有用，但对于许多金融交易来说，明确披露债务人和债权人的真实身份是非常重要的。简而言之，区块链将如何影响信息流以及信息会流向谁？第二，法律或法规的执行是否允许区块链的活动，并允许监管者或公司利用可信的杠杆来实施政策调整，以应对不断变化的风险？或者，治理框架会放弃改善系统的机会，还是会助长可能破坏系统稳定的监管套利？第三，旨在支持技术的法律和管理系统能否允许自救、求助于司法支持、私人或公共行动者（他们要么在系统受到压力时为系统提供支持，要么解决依赖该系统的市场或公用事业所面临的问题）的干预呢？法律必须能够执行在区块链中确立并显现出来的权利。

分布式账簿的另一个属性：无论是支持货币、支付系统、清算制度、交易制度，还是支持安全合同，都没有一个中央节点来收集系统、系统行动者、交易的信息。没有中央节点的好处是确定的，其中包括（潜在的）匿名性、成本降低、避免重复使用（再抵押）担保品等[44]。但是，删除一个共同账簿就可能对信息的获取和信息的质量产生影响。

例如，比特币区块链产生了两种形式的延迟，它们对形成分布式账簿的真实性共识是至关重要的。第一种延迟：要确定向区块链添加新区块的权限，就需要强力计算，这样就会产生采矿延迟。理论上，这一过程的计算成本很高。如果发信号是无成本的，任何无意义的东西（例如垃圾邮件）或恶意的错误信息会充满账簿。目前，通过内在设计（"减半"过程，在该过程中采矿激励减少50%），比特币区块链采矿成本相对于报酬来说，在周期性地上涨。理论上讲，报酬更高的其他种类区块链，或者涉及价值更高的金融工具的区块链（例如，处理数亿或数十亿美元交易的区块链），可能会刺激人们从事欺诈活动。

第二种延迟：为了让特定区块链在共识机制下的真实性得以继续，就需要积累数量足够多的"赞成票"（affirming vote），这就导致了"共识延迟"（consensus truth）。这两种形式的延迟都意味着时间延迟，这种时间延迟在某些情况下会导致紧张局面的形成（比如，比特币区块链用于支持高频的交易操作时）。尽管比特币区块链等早期的实施方式在确立真实性上强烈支持分散式账簿和分布式共识，但集中假设产生的可能性尚未被从法律和技术的角度全面地探索。

或者，以美国批发支付系统为例，该系统每天处理数万亿美元的交易。目前，通过调查少数几家能够提供结算基础设施的清算银行（例如纽约联邦储备银行）和金融市场公用事业机构，我们对该批发支付系统、其运作方式以及通过该系统的美元流向等信息就会有所了解[45]。分布式账簿系统可能涉及交换合约义务的相同参与者，就会使这些参与者具有对系统信息访问的相同权限。这些系统信息是通过清算银行和金融市场公用事业机构收集得来的。因此，通过引入区块链技术，监管者和市场参与者监测系统的能力可以保持不变。

另一方面，分散式账簿可以分散当前集中的系统，不过会产生许多影响。首先，在高度分散的系统中，尤其是在瞬息万变情况下（例如市场压力事件期间），收集该系统信息的过程可能会十分复杂。如果要获取数以百万计的交易的信息并把这些信息分配给中央节点或来自数千台服务器的参与者，那么这就需要计算能力、时间、甚至尚未发明的专用工具。这种做法也可能意味着在网络攻击（例如，拒绝对分布式账簿的多个节点提供服务）的情况下，识别故障并随后重新启动系统的工作要变得更加复杂。

根据分布式账簿系统各节点的合作情况，有可能难以获取分布式系统的信息。特别是支持采矿活动的服务器位于缺乏基础设施（可靠的电网、通信、连接等基础设施）、法律框架（隐私和信息共享法律）的管辖区，信息会更加难以获取。另一个获取分布式系统信息的关注点是，控制系统的人员调整共享信息的激励措施（这也是共享信息的监管要求）。也就是说，如果激励费用使少数资金充足的采矿者有效地控制了该系统，那么应该由什么样的机制来确保竞争对手或政府当局能够接触到该系统信息呢？该机制可能需要确保合作和公平竞争的规定。

此外，简单地获取系统的分布式信息并不意味着能够有效整合来自不同地点和管辖区的数据集。支付信息交换的技术和标准需要协调，特别是关于跨境支付的部分。为了监测、管理和解决问题，除对信息进行协调整合之外，还有其他替代方案（本地系统的临时组合信息或数据孤岛），但是，任何解决方案的实施都存在挑战。

如上文所述，区块链交易者的匿名或假名可能会引起其他监督（和执法）问题。例如，由于系统节点的传统作用（如银行提交可疑活动报告），信息流可能受到分布式账簿网络的限制。匿名性是比特币区块链的一个低级要求，但不清楚其重要性，以及对匿名性放松要求之后的其他可能性。虽然执法问题不在本书讨论范围之内，但监管机构肯定会设法确认比特币市场参与者的身份和行为，保护参与者以及系统的信誉。

另一方面，交易前的匿名性是许多交易商市场的一个关键特征，在这些市场上，对交易者或者交易目的的披露就足可以把交易完全赶出市场。区块链账簿代表着复杂环境中的一个新信息源，对现有微观结构的影响还远不为人所知。人们还不清楚区块链是否必然会破坏现有的关系，也不清楚这种破坏究竟是好是坏。人们应该承认，破坏的可能性确实存在，并且随着创新的引入，人们会不断适应这种破坏的影响。例如，匿名性的丧失可能会迫使交易从系统的中心节点进入双边市场，而这反过来又可能对公司的内部风险管理系统产生影响，如果它们缺乏监测风险敞口所必需的信息，影响将更加剧烈。

这一问题涉及监管制度的几个方面。自 2002 年以来，《萨班斯－奥克斯利法案》要求美国的公司高管证明是否充分控制了内部风险管理系统。如果在多个动态平台上记录交易和反映所在位置，在分布式系统中收集满足合规性的信息可能更具挑战性。从分布式账簿接收信息的内部风险管理系统的运维成本可能会很高。在要求银行遵守《多德－弗兰克法案》的压力测试中，也出现了类似的问题。为了遵守法律要求，风险管理系统可能需要重组，监管机构（在本例中监管机构为美联储和美国联邦存款保险公司）同样需要调整，以确定履行监管职能所需数据的来源和标准。

监管机构已投入大量精力，修改报告和交易标准，以提高金融系统信息的质量，例如创建掉期数据存储库、确定中央交易对方和建设掉期执行设施。美国金融研究办公室等监管机构正在努力调整交易实体、产品、交易和其他大量数据字段的数据标准。如上文所述，区块链技术的潜在转型应用是使用单一分散式账簿进行信息传递、结算、清算和报告交易。然而，区块链技术不是万能的灵丹妙药，不能解决所有问题。如果没有共同标准来展现交易及交易双方在法律和经济方面的术语，无论区块链技术的前景如何，我们的衍生品市场在危机发生前会一直不为人所了解。那么剩下的问题是由什么人如何制定这些标准呢？竞争力量是否会促进专有区块链系统的发展呢？会为了避免出现不连贯的一次性区块链实施方案（这些实施方案会遭遇多年来一直拖累金融市场的集体行动问题）及早采取措施吗？

最后，区块链技术为改进金融基础设施提供了一个重要机会。有关政府当局获取信息以及安全共享信息的能力，是一个关键领域。在做出设计决定时，技术人员可以考虑提高监管者的监管能力，使他们能够在监管市场秩序、保护投资者利益、测试金融体系核心机构的健全性以及树立人们对金融市场的信任和信心方面发挥关键作用。希望这将是一个值得把握、不容错过的机会。

7.7　结论和发展举措

我们才刚刚开始认识到金融科技的颠覆潜力。未来，新的应用程序将层出不穷，各种新机构不断发展壮大。然而，随之而来的不良后果也需要不同的利益相关方进行处理。

在应用金融科技的创新成果的过程中，政府必须制定监管规则，监督金融科技的发展。有些创新成果适用现行规则和监管机构；对另一些些成果的监管需要制定新的规定，从而更好地满足以技术为基础的应用程序的特殊需求。在本章中，我们提供一个框架，用来想象未来这种金融创新（如区块链）与政府之间的互动，并对联络点的前景进行推测。我们希望，政策与金融科技相结合的工作能够成为进一步分析、思索的良好开端。

迄今为止，我们的思维主要集中在适用规则的实质上。最后，我们还想推测一下制定这些适用规则的流程。我们强烈敦促区块链用户社区等技术倡导者在这方面继续努力，并在某些情况下与政府各联络点建立合作伙伴关系。在很大程度上，这种合作会带来更好的结果。现代监管流程往往采用多方利益相关方对话的模式，目的是寻求最能服务于行业、公众以及政府自身需求的方法。区块链应用程序的技术复杂性使得这种参与需求变得更加重要。

类似的告诫也适用于政府行动者。就像《白宫预算办公室行政通告A4 号》所述原则设想的那样，在可能的情况下，政府干预应包括基于市场和自治原则（与受到最严重影响的市场参与者商定）的宽松监管。

这种合作永远不可能完全和谐，毕竟，在不同的市场参与者之间和市场内部有着各自不同的利益。然而，敌对、猜疑、回避，肯定会产生争议和矛盾，所以与之相比，合作毫无疑问会更加富有成效。我们希望这本书能够有助于促进未来的合作。

本书作者欢迎大家的评论和反馈，希望这不是讨论的结束，而是区块链应用程序、机会、政策等相关对话的开始。

第8章 未来发展方向
——迈向可信数据的互联网

大卫·舍瑞尔

阿莱克斯·彭特兰

感谢大家加入我们的金融科技前沿探索之旅。

本书中，我们没有涉及麻省理工学院"未来商务"课程的几个关键话题：人工智能的深层次研究、关于众筹的探索、复杂系统分析在金融服务领域的应用、信用分析的新形式等。我们希望把这些话题放在今后出版的专著中进行讨论。

可信数据的互联网

目前，我们正处于从"模拟"世界到"数字"世界的巨大转变过程中。游戏精灵宝可梦（PokemonGo）获得了商业上的成功，这样的实例虽然微不足道，却暗示这场变革已经初见端倪。

我们目前对身份管理和数据管理的转变是发展的基础。身份是人们进入金融系统、获得政府服务、与卫生系统打交道的通行证。然而，我们创建和管理身份的系统严重落后于世界的实际行为状态，模拟和数字系统之间的接口存在显著的摩擦。任何在美国运输安全局的安全检查站有过等待经历的人对此都深有体会。

一个更好的身份识别系统可以与更好的数据系统和谐地进行对话。当今的数据系统具有很大的"攻击面"，这使得数据泄露变得更加容易。大规模欺诈、身份盗窃和数据盗窃都很常见，很多人只有最初级的安全工具来保护其个人信息。

2016年7月11日，麻省理工学院的"连接科学"项目，针对白宫网络安全委员会召开的行业和政府领导人研讨会，提出了一种新的身份和数据范例，并分别与美国商务部长彭妮·普利茨克（Penny Pritzker）和欧盟单一数字市场副总裁安德鲁斯·安西普（Andrus Ansip）进行了讨论。

如果我们创建一个可信数据的互联网，确保人们的个人信息（身份识别、健康记录、处方、财务等数据）是安全、可靠的，并且只有那些获得授权的人才能访问，那么巨大的社会利益就能得以释放。

　　然而，我们必须通过制定具体的透明度和问责制措施，安全地管理个人与机构之间共享的此类个人信息，从而赢得信任。可信数据的互联网将带来的潜在好处几乎囊括了所有方面：更安全的金融交易、更方便地获取个人医疗保健信息、更高效的政府和私营部门的服务。

　　可信数据的互联网涵盖以下几个方面：

　　● **可靠的数字身份**：无论是个人还是组织，身份是解锁其他所有数据和数据共享功能的钥匙。数字身份不仅包含独一无二且不可伪造的证书，不受地点限制，而且还能让你访问与自己的身份相关的所有数据，也让你有能力控制你在不同情况下所呈现的"角色"。要做到这一点，需要有一种"身份互联网"才能真正实现其他所有共享功能。要实现这一目标，需要克服若干技术、社会和政治方面的挑战。

　　● **分布式互联网信任权限**：我们已经多次看到，集中式系统管理是网络安全中最薄弱的一环，内部人员和对手能够通过一个漏洞而摧毁整个系统的安全。要解决这个问题，最切实可行的办法是在许多可信任的参与者之间分配权限，这样一来，即便其中一个甚至几个权限造成的危害，也不会破坏整个系统的安全。

　　● **分布式安全计算**：除非我们果断地实现数据最小化的普遍应用、更多加密和分布式计算，否则我们的重要系统会遭受越来越多的损害。我们需要采用一种固有的更稳健的方法，例如，基于分布式共识算法来实现数据共享和使用许可，因此可以跟踪和审核数据来源。这样的解决方案具有最大的加密保护也很重要。麻省理工学院的 Enigma 和 OPAL（开放算法，Open Algorithms）是实现这一目标的具体步骤。

　　● **普遍可及性**：安全的数字基础设施在没有普遍可及性的情况下，其优势会减少。联合国制定了一个目标，到 2030 年，通过生物特征识别技术使地球上的所有人都能获得相关服务和支持。这种系统引起的对隐私和安全的关注，在一定程度上可以由上面概述的可信数据互联网的某些方面来解决，但是，在现实社会中实用、可行的系统出现之前，人们还需要更深入的讨论和详细阐述。

结论

金融科技的前沿日新月异、不断变化。我们之所以认为这是一个令人兴奋的领域，部分原因在于金融科技充满了让人意想不到的潜力，比如使用动物行为模型来帮助银行更好地管理消费者的信贷风险。

最重要的是，这些学生怀着创业的理想来进修我们的课程，我们可以向数以千计的学生学习。学生是我们灵感的源泉，我们期待着他们通过自己的创新推动全球变革。

我们希望这本书能为读者提供灵感，帮助大家形成最前卫的金融科技理念，并且我们希望有朝一日能把大家对世界的影响写成另一本书，呈现给世人。

大卫·舍瑞尔、阿莱克斯·彭特兰
写于美国马萨诸塞州剑桥市
2016 年 8 月

麻省理工学院 2016 年 7 月 11 日 "可信数据的互联网" 研讨会与会者包括：

- 阿莱克斯·彭特兰（麻省理工学院教授）
- 欧文·沃拉达斯基 – 伯杰（麻省理工学院连接科学项目研究员）
- 大卫·舍瑞尔（麻省理工学院连接科学的常务主任）
- 杰里·丘沃莫（IBM 研究员、区块链技术部门副总裁）
- 史蒂夫·戴维斯（万事达信用卡支付创新高级顾问）
- 迈克尔·弗兰克（IBM 区块链技术部门项目主任）
- 托马斯·哈乔诺（麻省理工学院连接科学项目首席技术官）
- 格尼·亨特（IBM 研究人员）

- 卡梅伦·克里（美国商务部前法律顾问兼代理秘书、麻省理工学院和布鲁金斯学院访问学者）

- 马克·欧莱礼（IBM 政府和监管事务 – 技术政策部法律顾问办公室）

- 克里斯·帕森斯（美国电话电报公司大数据战略和业务发展副总裁）

- 加里·辛格（IBM 杰出工程师和区块链首席技术官）

- 安妮·谢尔·沃尔沃克（美国财政部恐怖主义融资和金融犯罪办公室战略政策高级顾问）

- 罗德·沃尔顿（高通公司副总裁）

- 埃瑞达·埃乃提（麻省理工学院连接科学项目入住企业家）

参考文献与注释

第1章 区块链：网络化创新的第五个层面

［1］ MIT personal conversations with CEOs of over 60 leading financial services and technology companies, Davos Switzerland, January 2016.

［2］ Prediction：＄10 Billion Will Be Invested in Blockchain Projects in 2016 http：//coinjournal. net/prediction－10－billion－will－be－invested－in－block-chain－startups－in－2016/.

［3］ Google Webtrends, accessed 19 March 2016.

［4］ Santander InnoVentures, Oliver Wyman, Anthemis Group, "The FinTech 2. 0 Paper" (2015).

［5］ "The socio－economic impact of interoperable electronic health record (EHR) and ePrescribing systems in Europe and beyond" (2009) European Commission Information Society and Media Directorate.

［6］ "US Health Care Costs Surge to 17 Percent of GDP", The Fiscal Times (2015) http：//www. thefiscaltimes. com/2015/12/03/Federal－Health－Care－Costs－Surge－17－Percent－GDP.

［7］ Clippinger J, Bollier D *From Bitcoin to Burning Man and Beyond* (2015).

［8］ MIT Enigma Project：https：//enigma. media. mit. edu.

［9］ T. Hardjono, ChainAnchor：Cloud－Based Commissioning of Constrained Devices using Permissioned Blockchains, Proceedings of ACM IoT Privacy, Trust and Security 2016.

［10］ Others have pointed out earlier antecedents to blockchain－http：//www. ofnumbers. com/2015/07/09/a－blockchain－with－emphasis－on－the－a/.

［11］ http：//www. economist. com/blogs/economist－explains/2015/01/economist－explains－11.

accessed May 2016.

［12］ Personal conversation between a CTO of a blockchain company and the authors，March 2016.

［13］ ／u／throw＿ awa5 posted 27 April 2016 https：／／www. reddit. com／ r／Bitcoin／comments／4givro／upcoming＿ ama＿mit＿connection＿science＿team＿ will／d2jig1r accessed 30 April 2016.

［14］ Maras M （2016）"R3 Consortium's Blockchain Initiative：What Makes Corda Different?" Cryptocoin News https：／／www. cryptocoinsnews. com／r3 － consortiums － blockchain － initiative － what － makes － corda － different／.

［15］ Metz C （2016）"The Plan to Unite Bitcoin With All Other Online Currencies" Wired. http：／／www. wired. com／2016／01／project － aims － to － unite － bitcoin － with － other － online － currencies／.

［16］ Greenberg A. （2015）"MIT's Bitcoin － Inspired 'Enigma' Lets Computers Mine EncryptedData" WIRED https：／／www. wired. com／2015／ 06／mits － bitcoin － inspired － enigma － lets － computers － mine － encrypted － data／.

第2章 区块链与交易、市场与商业活动

［1］ Santander Inno Ventures，Oliver Wyman，Anthemis Group （2015） "The Fintech 2. 0 Paper：rebooting financial services".

［2］ Stein，P （2015）"5 steps to closing the ＄2 trillion credit gap" World Economic Forum https：／／www. weforum. org／agenda／2015／10／5 － steps － to － closing － the － 2 － trillion － credit － gap／.

［3］ The World Bank. Enterprise Surveys. （http：／／www. enterprisesurveys. org）. 2010 － 2016.

［4］ Love，Inessa，Sandeep Singh，and Maria Soledad Martínez Pería.

"Collateral Registries for Movable Assets: Does Their Introduction Spur Firms'Access to Bank Finance?" January 2013. http://www. ifc. org/wps/wcm/connect/8891c280415edb709ba3bb9e78015671/Collateral + Registries + for + Movable + Assets + + Does + Their + Introduction + Spu + Firms + Ac - cess + to + Bank + Finance. pdf? MOD = AJPERES.

[5] International Finance Corporation. Secured Transactions and Collateral Registries (http://www. ifc. org/wps/wcm/connect/793e79804ac10fff9ea69 e4220e715ad/Secured + Transac - tions + and + Collateral + Registries + Bro- chure - English. pdf? MOD = AJPERES).

[6] Nash, Kim S. "Blockchain: Catalyst for Massive Change Across In- dustries. " Wall Street Journal. February 2, 2016. http://blogs. wsj. com/cio/2016/02/02/blockchain - catalyst - for - massive - change - across - in - dustries/.

[7] http://www. iacc. org/resources/about/statistics accessed 07 May 2016.

[8] Bloomberg News. "China Fake Invoice Evidence Mounts as HK Fig- ures Diverge. " Bloomberg. October 27, 2014.

http://www. bloomberg. com/news/articles/2014 - 10 - 27/china - fake - invoice - evidence - mounts - as - hong - kong - figures - diverge.

[9] UK Government Chief Scientific Advisor. "Distributed Ledger Tech- nology: beyond Block - chain. " Government Office for Science. 2016.

[10] "Collateral Management - Unlocking the Potential in Collateral. " Accenture and Clear - stream, 2011.

[11] Metz, Cade. "Coinbase Is Out to Build Payments Right Into Browsers. " Wired. Nov. 13, 2015. http://www. wired. com/2015/11/coinbase - is - bringing - back - the - webs - long - lost - pay - ment - code/.

[12] W3C. "Common Markup for micropayment per - fee - links" Aug. 25, 1999. https://www. w3. org/TR/WD - Micropayment - Markup/#

origin – goals.

［13］ Kaufman, Stacy, Ramani, Abhinav, Luciano, Dave, Zou, Long and Fosco, James. "Micropay – ments: A Viable Business Model?" Stanford University. June 2, 2011. http://cs. stanford. edu/people/eroberts/courses/cs181/projects/2010 – 11/MicropaymentsAndTheNet/index. html.

［14］ Lebleu, G. "Building Gift Cards 2. 0 on the Blockchain an overview." June 16th, 2015. https://medium. com/@ giyom/building – gift – cards – 2 – 0 – on – the – block – chain – 3ae9e7cf4152#. 1zeoabmly.

［15］ Oliver Wyman and Euroclear. "Blockchain in Capital Markets: the prize and the journey." Feb. 2016.

［16］ Levine, Matt. "Banks Forgot Who Was Supposed to Own Dell Shares." Bloomberg View. Jul. 14th, 2015. http://www. bloombergview. com/articles/2015 – 07 – 14/banks – forgot – who – was – supposed – to – own – dell – shares.

［17］ Vigna, Paul. "Nasdaq's Blockchain – Based Securities Platform Records First Transaction." Wall Street Journal. Dec 20th, 2015. http://blogs. wsj. com/moneybeat/2015/12/30/nas – daqs – blockchain – based – securities – platform – records – first – transaction/.

［18］ "The Fintech 2. 0 Paper: rebooting financial services." Santander InnoVentures, Oliver Wyman and Anthemis Group. 2016. http://santanderinnoventures. com/wp – content/up – loads/2015/06/The – Fintech – 2 – 0 – Paper. pdf.

［19］ DeRose, Chris. "Smart Contracts are the Future of Blockchain." Jan. 11th, 2016. http://www. paymentssource. com/news/paythink/smart – contracts – are – the – future – of – block – chain – 3023206 – 1. html.

［20］ Schanz Kai – Uwe and Wang S, "The Global Insurance Protection Gap Assessment and Recommendations" (2014), The Geneva Association. https://www. genevaassociation. org/media/909569/ga2014 – the_global_insurance_protection_gap. pdf.

〔21〕 http：//blogs. wsj. com/cio/2016/02/02/blockchain – catalyst – for – massive – change – across – in – dustries/.

〔22〕 Green M（2014）"Zero Knowledge Proofs：an illustrated primer" http：//blog. cryptography – engineering. com/2014/11/zero – knowledge – proofs – illustrated – primer. html.

〔23〕 Kentouris，C（2015）"US T + 2 Settlement：The Long Journey Officially Begins" FinOps Re – port. http：//finops. co/investments/us – t2 – settlement – the – long – journey – officially – begins/.

〔24〕 CFTC. "CFTC Tackles the What Ifs of Blockchain. "

〔25〕 Shin L "How Will Bitcoin Technology Go Mainstream? An Analysis Of 5 Strategies"（2016）Forbes http：//www. forbes. com/sites/laurashin/2016/01/26/how – will – bitcoin – technolo – gy – go – mainstream – an – analysis – of – 5 – strategies/#47767db63c31.

第3章　区块链与基础设施（身份和数据安全）

〔1〕 Jonathan Woetzel et al. ，"Preparing for China's Urban Billion"（McKinsey Global Institute，March 2009）.

http：//www. mckinsey. com/insights/urbanization/preparing_for_urban_billion_in_china.

〔2〕 ShoCard. 2015. Homepage. Accessed 2 21，2016. http：//www. shocard. com.

〔3〕 Uniquid. n. d. Homepage. Accessed 2 21，2016. http：//www. uniquid. co.

〔4〕 KPMG. 2014. Global Anti – Money Laundering Survey 2014. KPMG International Co – operative.

〔5〕 ascribe GmbH. 2016. ascribe for Artists & Creators. Accessed 2 21，

2016. http：//www. ascribe. io.

［6］ Blockverify. n. d. Homepage. Accessed 2 21 , 2016. www. blockver-ify. io.

［7］ The Economist. 2015. The great chain of being sure about things. 10 31 . Accessed 2 21 , 2017. http：//www. economist. com/news/briefing/21677228 – technology – behind – bitcoin – lets – people – who – do – not – know – or – trust – each – other – build – dependable.

［8］ David E. Sanger and Eric Schmitt, (2014), "Snowden Used Low – Cost Tool to Best N. S. A. ", *New York Times*, https：//www. nytimes. com/2014/02/09/us/snowden – used – low – cost – tool – to – best – nsa. html? _r = 0.

［9］ Zyskin, Guy, Oz Nathan, and Alex 'Sandy' Pentland. n. d. "Enig-ma：Decentralized Computation Platform with Guaranteed Security. " White paper.

［10］ *Ibid.*

［11］ *Ibid.*

［12］ Storj. 2016. Homepage. Accessed 2 21 , 2016. http：//www. storj. io.

［13］ Factom. 2014. Healthnautica, Factom announce partnership. 4 23. Accessed 22 21 , 2016. http：//www. factom. com/healthnautica – factom – announce – partnership/.

［14］ Meglena Kuneva, European Consumer Commissioner, "Keynote Speech," in Roundtable on Online Data Collection, Targeting and Profiling, March 31 , 2009, http：//europa. eu/rapid/press – release_SPEECH – 09 – 156_en. htm.

［15］ Kim Gittleson, "How Big Data Is Changing The Cost of Insur-ance," BBC News, November 14, 2013, http：//www. bbc. co. uk/news/business – 24941415.

［16］ Aniko Hannak, Piotr Sapiezynski, Kakhki Arash Molavi, Bal-achander Krishnamurthy, David Lazer, Alan Mislove, and Christo Wilson,

"Measuring Personalization of Web Search," in Proc. 22nd International Conference on World Wide Web （WWW 2013）, 527 – 538.

［17］ Pentland A, "Reality Mining of Mobile Communications." （2009） *Social Computing and Behavioral Modeling.*

［18］ Madan A, Cebrian M, Lazer D, Pentland A, "Social Sensing for Epidemiological Behavior Change," in Proc. 12th ACM International Conference on Ubiquitous Computing （Ubicomp 2010）, 291 – 300; Pentland et al. "Using Reality Mining to Improve Public Health and Medicine."

［19］ Wei Pan, Gourab Ghoshal, Coco Krumme, Manuel Cebrian, and Alex Pentland, "Urban Characteristics Attributable to Density – Driven Tie Formation," Nature Communications 4 （2013）: article 1961.

［20］ Lev Grossman, "Iran Protests: Twitter, the Medium of the Movement," Time Magazine, June 17, 2009; Ellen Barry, "Protests in Moldova Explode, with Help of Twitter," The New York Times, April 8, 2009.

［21］ "Directive 95/46/EC of the European Parliament and of the Council of 24 October 1995 on the Protection of Individuals with Regard to the Processing of Personal Data and on the Free Movement of Such Data," Official Journal L281 （November 23, 1995）: 31 – 50.

［22］ World Economic Forum, "Personal Data: The Emergence of a New Asset Class," January 2011, http://www. weforum. org/reports/personal – data – emergence – new – asset – class.

［23］ *Ibid.*

［24］ *Ibid.*

［25］ Lima A, De Domenico M, Pejovic V, Musolesi M, "Exploiting Cellular Data for Disease Containment and Information Campaign Strategies in Country – Wide Epidemics," School of Computer Science Technical Report CSR – 13 – 01, University of Birmingham, May 2013.

［26］ Narayanan A, Shmatikov V, "Robust De – Anonymization of Large

Sparse Datasets," in Proc. 2008 IEEE Symposium on Security and Privacy (SP), 111 – 125.

[27] Latanya Sweeney, "Simple Demographics Often Identify People Uniquely," Data Privacy Working Paper 3, Carnegie Mellon University, Pittsburgh, 2000.

[28] de Montjoye Y, Wang A, Pentland A, "On the Trusted Use of Large – Scale Personal Data," IEEE Data Engineering Bulletin 35, no. 4 (2012): 5 – 8.

[29] Song C, Qu Z, Blumm N, Barabasi A, "Limits of Predictability in Human Mobility," *Science*327 (2010): 1018 – 1021.

[30] Pentland A, Lazer D, Brewer D, Heibeck T, "Using Reality Mining to Improve Public Health and Medicine." *Stud Health Technol Inform.* (2009) 149: 93 – 102.

[31] Tacconi D, Mayora O, Lukowicz P, Arnrich B, Setz C, Troster G, Haring C, "Activity and Emotion Recognition to Support Early Diagnosis of Psychiatric Diseases," in Proc. 2nd International ICST Conference on Pervasive Computing Technologies for Healthcare, 100 – 102.

[32] World Economic Forum, "Personal Data".

[33] The White House, "National Strategy for Trusted Identities in Cyberspace: Enhancing Online Choice, Efficiency, Security, and Privacy," Washington, DC, April 2011, http://www. whitehouse. gov/sites/default/files/rss_viewer/NSTICstrategy_041511. pdf.

第4章　移动货币与移动支付

[1] British Museum http://www. britishmuseum. org/explore/themes/money/the_origins_of_coinage. aspx.

[2] Schmandt – Besserat, D (2008) "Two Precursors of Writing: Plain

and Complex Tokens" http：//en. finaly. org/index. php/Two_precursors_of_writing：_plain_and_complex_tokens.

［3］ Desan C. （2015）"Making Money：Coin, Currency and the Coming of Capitalism" Oxford University Press.

［4］ Commission of the European Communities. EU Directive Proposal, 9. 10. 2008 http：//ec. europa. eu/internal ＿ market/payments/docs/emoney/com_2008_627_en. pdf.

［5］ GSMA and MMU. "Mobile Money Definitions. " July 2010. http：//www. gsma. com/mobilefordevelopment/wp － content/uploads/2012/06/mobi-lemoneydefinitionsnomarks56. pdf.

［6］ GSMA and MMU. "State of the Industry：Results from the 2012 Global Mobile Money Adoption Survey. " http：//www. gsma. com/mobile-fordevelopment/wp － content/uploads/2013/02/MMU_State_of_industry. pdf.

［7］ CGAP, GSMA, and McKinsey & Company "Mobile Money Market Sizing Study. " CGAP Brief. http：//www. gsma. com/mobilefordevelopment/wp － content/uploads/2012/06/br_mobile_money_philippines_d_30. pdf.

［8］ CGAP. "Mobile Money：10 Things You Need to Know. " Dec. 30, 2013. http：//www. cgap. org/blog/mobile － money － 10 － things － you － need － know.

［9］ Aristotle. "Politics. " Translated by Benjamin Jowett. Cambridge：MIT. http：//classics. mit. edu/Aristotle/politics. 1. one. html.

［10］ Evans, David Sparks and Schmalensee, Richard. "Paying with Plastic：The Digital Revolution in Buying and Borrowing. " MIT Press：1 January 2005 ISBN 026255058X.

［11］ Burn － Callander, Rebecca. "The History of Money：From Barter to Bitcoin. " The Telegraph, October 20, 2014. http：//www. telegraph. co. uk/finance/businessclub/money/11174013/The － history － of － money － from － barter － to － bitcoin. html.

[12] Hammonds, Keith. "Pay As You Go." Fast Company, October 31, 2001. http：//www. fastcompany. com/44023/pay – you – go.

[13] Nakomoto, S (2008) "Bitcoin：A Peer – to – Peer Electronic Cash System". http：//www. cryptovest. co. uk/resources/Bitcoin% 20paper% 20Original. pdf.

[14] Long, C (2016) "Central Banks Can't Ignore Blockchain's Obvious Lure" American Banker June 10, 2016 http：//www. americanbanker. com/bankthink/central – banks – cant – ignore – blockchains – obvious – lure – 1081428 – 1. html.

[15] UK Government Office for Science (2016) "Distributed Ledger Technology：beyond block chain" https：//www. gov. uk/government/uploads/system/uploads/attachment_data/file/492972/gs – 16 – 1 – distributed – ledger – technology. pdf.

[16] Rizzo P (2016) "Japan Enacts Regulation for Digital Currency Exchanges" Coindesk. com May 25, 2016 http：//www. coindesk. com/japan – enacts – regulation – digital – currency – exchanges/.

[17] O'Ham T (2016) "Vatican Slated as First State Adopters of Cryptocurrency" April 1, 2016 http：//bitcoinist. net/vatican – adop – cryptocurrency/.

[18] "Bitt Launches the Blockchain Barbadian Digital Dollar" February 25, 2016 Cryptocoin News https：//www. cryptocoinsnews. com/bitt – launches – the – blockchain – barbadian – digital – dollar/.

[19] MasterCard, Kahtan, M. "New MasterCard Advisors Study on Contactless Payments Shows Almost 30% Lift in Total Spend Within First Year of Adoption." 2012. http：//newsroom. mastercard. com/press – releases/new – mastercard – advisors – study – on – contactless – payments – shows – almost – 30 – lift – in – total – spend – within – first – year – of – adoption/.

[20] Nazareno, N. Smart Communications, 2008. Presentation at GSMA

Mobile Money Summit in Cairo, May 14.

［21］Runde, D. "M – Pesa And The Rise Of The Global Mobile Money Market." Forbes, August 12, 2015. http：//www. forbes. com/sites/daniel-runde/2015/08/12/m – pesa – and – the – rise – of – the – global – mobile – money – market/#b7fd90b23f5d.

［22］Parrin, A. "Kenya's No. 1 mobile network is battling one of the country's top banks for mobile money's future." Quartz Africa, June 19, 2015. http：//qz. com/430666/kenyas – no – 1 – mobile – network – is – batt-ling – one – of – the – countrys – top – banks – for – mobile – moneys – future/.

［23］World Bank Group. Global Findex Database. 2014.

［24］Cobert, B；Helms, B；Parker, D and McKinsey & Company. "Mobile money：Getting to scale in emerging markets." May 2012. http：// www. mckinsey. com/industries/social – sector/our – insights/mobile – money – getting – to – scale – in – emerging – markets.

［25］di Castri, S. "A conversation with Professor Njuguna Ndung'u, Governor of the Central Bank of Kenya, on the critical policy issues around mobile money." GSMA Blog, 2013. http：//www. gsma. com/mobileforde-velopment/a – conversation – with – professor – njuguna – ndungu – governor – of – the – central – bank – of – kenya – on – the – critical – policy – issues – around – mobile – money.

［26］Singh VK, Bozkaya B & Pentland A. "Money Walks：Implicit Mobility Behavior and Financial Well – Being". 2015.

［27］Warman, Yael. "How Mobile Moves." Forex Crunch. January 18, 2016. Accessed April 04, 2016. https：//www. forexcrunch. com/how – mobile – moves/.

［28］Stock Trading Warrior. "History of Online Stock Trading." Stock Trading Warrior. Accessed April 04, 2016. http：//www. stock – trading – warrior. com/History – of – Online – Stock – Trading. html.

［29］ Be Businessed. "History of Online Stock Trading." Be Businessed. 2015. Accessed April 04, 2016. http：//bebusinessed. com/history/history – of – online – stock – trading/.

［30］ CDW Financial Insights. "The Latest Trends in Mobile Trading – FinTalk." FinTalk：Financial IT Insights. February 01, 2016. Accessed April 04, 2016. http：//fintalk. cdw. com/2016/02/01/mobile – fin – news/.

［31］ Carey, Theresa W. "Barron's 2015 Best Online Broker Ranking." Barron's 2015 Ranking of Online Brokers. March 7, 2015. Accessed April 04, 2016. http：//www. barrons. com/articles/barrons – 2015 – ranking – of – online – brokers – 1425705011.

［32］ Estimize. Accessed April 04, 2016. https：//www. estimize. com/.

［33］ Vetr. com. Accessed April 04, 2016. https：//www. vetr. com/.

［34］ Motif Investing. "Motif – An Online Brokerage Built Around You." Motif. Accessed April 04, 2016. http：//www. motifinvesting. com/.

［35］ "Schwab Reports Monthly Activity Highlights" May 13, 2016 http：//pressroom. aboutschwab. com/press – release/corporate – and – financial – news/schwab – reports – monthly – activity – highlights – 64.

［36］ "ETrade Financial Corporation Reports Monthly Activity for April 2016" May 13, 2016. https：//about. etrade. com/releasedetail. cfm? ReleaseID = 970888.

［37］ TD Ameritrade. Accessed June 2016（as of 3/31/2016 data）http：//www. amtd. com/investor – relations/by – the – numbers/default. aspx.

［38］ Robinhood. "How Robinhood Makes Money." Robinhood Help Center. November 19, 2015. Accessed April 04, 2016. https：//support. robinhood. com/hc/en – us/articles/202853769 – How – does – Robinhood – make – money – .

［39］ Yochim, Dayana. "Best Online Brokers for Free Trading – NerdWallet." NerdWallet. March 15, 2016. Accessed April 04, 2016. https：//

www. nerdwallet. com/blog/investing/free – stock – trading/.

［40］ Shu C （2015） "FeeX, Which IDs Hidden Fees In Financial Products, Scores ＄2. 75M In Fresh Funding" September 8, 2015 http：// techcrunch. com/2015/09/08/feex – newfunding/.

［41］ Sharf S （2015） "BlackRock To Buy FutureAdvisor, Signaling Robo – Advice Is Here To Stay" Forbes, August 26, 2015 http：//www. forbes. com/sites/samanthasharf/2015/08/26/blackrock – to – buy – futuread- visor – signaling – robo – advice – is – here – to – stay/#1901c3fe2294.

［42］ Bank of America. "Transfers". 2016. Accessed June 13, 2016 ht- tp：//promo. bankofamerica. com/onlinepayments1/transfers. html.

［43］ PYMNTS. "Throwback Thrusday：PayPal's Biggest Days in History". July 2, 2015. Accessed June 13, 2016. http：//www. pymnts. com/in – depth/ 2015/throwback – thursday – paypals – biggest – days – in – history/.

［44］ "PayPal About – Home. " PayPal About – Home. Accessed May 05, 2016. https：//www. paypal. com/us/webapps/mpp/about.

［45］ Rao, Leena, Sarah Perez, and Ingrid Lunden. "EBay's PayPal Acquires Payments Gateway Braintree For ＄800M In Cash. " TechCrunch. September 26, 2013. Accessed May 05, 2016.

［46］ Russell, Jon. "Messaging App WeChat Is Becoming a Mobile Pay- ment Giant in China. " TechCrunch. March 17, 2016. Accessed May 05, 2016. http：//techcrunch. com/2016/03/17/messaging – app – wechat – is – be- coming – a – mobile – payment – giant – in – china/.

［47］ Constine, Josh. "Facebook Introduces Free Friend – To – Friend Payments Through Messages. " TechCrunch. March 17, 2015. Accessed May 05, 2016. http：//techcrunch. com/2015/03/17/facebook – pay/.

［48］ "Google Wallet. " Google Wallet. Accessed May 05, 2016. https：// www. google. com/wallet/faq/.

［49］ Russell, Jon. "Messaging App WeChat Is Becoming a Mobile Payment Giant in China. " TechCrunch. March 17, 2016. Accessed May 05, 2016. http: //techcrunch. com/2016/03/17/messaging – app – wechat – is – becoming – a – mobile – payment – giant – in – china/.

[50] Rao, Leena. "You Will Soon Be Able to Shop Using Venmo. " You Will Soon Be Able to Shop Using Venmo Comments. October 28, 2015. Accessed May 05, 2016. http: //fortune. com/2015/10/28/venmo – paypal – merchants/.

[51] World Bank. Migration and Remittances Factbook 2016. Report. Advance ed. World Bank Group, 2016.

[52] World Bank. Migration and Remittances Factbook 2016. Report. Advance ed. World Bank Group, 2016.

[53] Let's Talk Payments. "FinTech Is Pushing Banks out of the Remittance Business. " Let's Talk Payments. February 10, 2016. Accessed April 11, 2016. http: //letstalkpayments. com/fintech – is – pushing – banks – out – of – the – remittance – business/.

[54] Life. SREDA, INSEAD, Deloitte. "Money of The Future. " Money of the Future 2015. Accessed April 11, 2016. http: //www. lifesreda. com/MoneyOfTheFuture_2016_eng. pdf.

[55] Rumayor, Inigo. "5 Things We Got Wrong In FinTech. " Regalii. May 26, 2015. Accessed April 11, 2016. https: //www. regalii. com/blog/5 – things – we – got – wrong – in – fintech.

[56] Let's Talk Payments. "FinTech Is Pushing Banks out of the Remittance Business. " Let's Talk Payments. February 10, 2016. Accessed April 11, 2016. http: //letstalkpayments. com/fintech – is – pushing – banks – out – of – the – remittance – business/.

[57] Rumayor, Inigo. "5 Things We Got Wrong In FinTech. " Regalii. May 26, 2015. Accessed April 11, 2016. https: //www. regalii. com/blog/5 – things – we – got – wrong – in – fintech.

［58］ Let's Talk Payments. "FinTech Is Pushing Banks out of the Remittance Business. " Let's Talk Payments. February 10, 2016. Accessed April 11, 2016. http：//letstalkpayments. com/fintech – is – pushing – banks – out – of – the – remittance – business/.

［59］ Sendwave. "Sendwave – Send Money to Africa. " Sendwave – Send Money to Africa. Accessed April 11, 2016. https：//www. sendwave. com/.

［60］ Life. SREDA, INSEAD, Deloitte. "Money of The Future. " Money of the Future 2015. Accessed April 11, 2016. http：//www. lifesreda. com/MoneyOfTheFuture_2016_eng. pdf.

［61］ BI Intelligence. "Fintech could be bigger than ATMs, PayPal and Bitcoin combined. " Business Insider. April 12, 2016. Accessed June 13, 2016. http：//www. businessinsider. com/fintech – ecosystem – financial – technology – research – and – business – opportunities – 2016 – 2.

［62］ Griffithe, Ken. "A Quick history of Cryptocurrencies BBTC – Before Bitcoin. " Bitcoin Magazine. April 16, 2014. Accessed June 13, 2016. https：//bitcoinmagazine. com/articles/quick – history – cryptocurrencies – bbtc – bitcoin – 1397682630.

［63］ Torpey, Kyle. "Prediction：$ 10 Billion Will Be Invested in Blockchain Projects in 2016". Coin Journal. January 22, 2016. Accessed June 13, 2016. http：//coinjournal. net/prediction – 10 – billion – will – be – invested – in – blockchain – startups – in – 2016/.

［64］ The Economist, Airtime is money, January 2013.

［65］ Gilman, Lara. "What is the future of mobile money?" World Economic Forum. August 25, 2016. Accessed June 13, 2016. https：//www. weforum. org/agenda/2015/08/what – is – the – future – of – mobile – money/.

［66］ GSMA （2015） "The Mobile Economy Sub – Saharan Africa" https：//www. gsmaintelligence. com/research/? file = 721eb3d4b80a3645120 2d0473b3c4a63&download.

第5章　预测市场

［1］Galton, Francis. (1907) "Vox Populi." Nature 75, no. 1949 (March 7, 1907): 450 – 51.

［2］Ibid.

［3］ibid.

［4］Galton, Francis. (1907) "The Ballot Box." Nature 75, no. 1952 (March 28, 1907): 509 – 10. Accessed May 24, 2016. http：//galton. org/cgi – bin/searchImages/galton/search/essays/pages/galton – 1907 – ballot – box_1. htm.

［5］Galton, Francis. "Vox Populi." Nature 75, no. 1949 (March 7, 1907): 450 – 51.

［6］Graefe, Andreas. (2008) "Political Markets". In SAGE Handbook of Electoral Behavior, edited by Kai Alzheimer and Jocelyn Evans. SAGE Publications.

［7］Snowberg, Erik, Justin Wolfers, and Eric Zitzewitz. (2013) "Prediction Markets for Economic Forecasting." In Handbook of Economic Forecasting, edited by Graham Elliot and Allan Timmermann. Vol. 2. North – Holland.

［8］Henry B. Tippie College of Business. (2016) "What Is the IEM? – Iowa Electronic Markets." Iowa Electronic Markets. Accessed May 25, 2016. http：//tippie. uiowa. edu/iem/media/summary. html.

［9］PredictIt. (2016) "PredictIt – Markets – World." https：//www. predictit. org/Browse/Category/4/World.

［10］CME Group. (2016) "Timeline of CME Achievements." CME Group：How the World Advances. Accessed May 25, 2016. http：//www. cmegroup. com/company/history/timeline – of – achievements. html.

［11］ Roll, Richard. (1984) "Orange Juice and Weather." The American Economic Review 74, no. 5 (December 1984): 861 – 80.

［12］ Snowberg, Erik, Justin Wolfers, and Eric Zitzewitz. (2013) "Prediction Markets for Economic Forecasting." In Handbook of Economic Forecasting, edited by Graham Elliott and Allan Timmerman, 689 – 1324. Vol. 2, Part B. Elsevier.

［13］ Ibid.

［14］ Metz, Cade. (2016) "Google's AI Wins Fifth And Final Game Against Go Genius Lee Sedol." Wired. com. March 15, 2016. Accessed May 25, 2016. http: //www. wired. com/2016/03/googles – ai – wins – fifth – final – game – go – genius – lee – sedol/.

［15］ Thompson, Clive. (2013) "Excerpt of Smarter Than You Think." Smarter Than You Think. Accessed May 25, 2016. http: //smarterthanyouthink. net/excerpt/.

［16］ Gartner. "Gartner Hype Cycle." Hype Cycle Research Methodology. Accessed May 27, 2016. http: //www. gartner. com/technology/research/methodologies/hype – cycle. jsp.

［17］ ibid.

［18］ Polgreen, Philip M. , Forrest D. Nelson, and George R. Neumann. (2006) "Use of Prediction Markets to Forecast Infectious Disease Activity." Clinical Infectious Diseases 44, no. 2 (December 14, 2006): 272 – 79. http: //cid. oxfordjournals. org/content/44/2/272. full. pdf html.

［19］ Ibid.

［20］ Ledbetter, James. (2016) "The Fizz – dom of Crowds." Slate. com. April 16, 2016. Accessed May 22, 2016. http: //www. slate. com/articles/news_and_politics/hey_wait_a_minute/2008/04/the_fizzdom_of_crowds. html.

［21］ Leonhardt, David. (2008) "Looking for Sure Political Bets at Online Prediction Market. " The New York Times. February 13, 2008. Accessed May 25, 2016. http://www. nytimes. com/2008/02/13/business/13leonhardt. html.

[22] Rice, Andrew. (2014) "The Fall Of Intrade And The Business Of Betting On Real Life. " BuzzFeed. February 20, 2014. Accessed May 27, 2016. https://www. buzzfeed. com/andrewrice/the – fall – of – intrade – and – the – business – of – betting – on – real – life? utm_term = . nqmaQw1Na#. dkKLBrjAL.

[23] ibid.

[24] Lalley, Steven P. (2015) "Quadratic Voting. " Social Science Research Network, December 22, 2015. doi: http://dx. doi. org/10. 2139/ ssrn. 2003531.

[25] "Interview with CEO of Vetr, Michael Vien. " Telephone interview by authors. June 15, 2016.

[26] "Interview with Founder of Framed Data, Thomson Nguyen. " Telephone interview by authors. March 17, 2016.

[27] "Interview with Andrew Lo", In – person interview, March 2016.

[28] Metz, Cade. (2016) "The Rise of the Artificially Intelligent Hedge Fund. " Wired, January 25th, 2016. http://www. wired. com/2016/ 01/the – rise – of – the – artificially – intelligent – hedge – fund/.

[29] "Interview with Chief Scientist and Co – founder of Sentient, Babak Adjodat. " Telephone interview by authors. March 14, 2016.

[30] Pentland A. (2013) "Beyond the Echo Chamber" Harvard Business Review https://hbr. org/2013/11/beyond – the – echo – chamber.

[31] "Interview with Founder of Numerai, Richard Craib. " Telephone interview by authors. March 14, 2016.

[32] Pentland, Alex. (2013) "Beyond the Echo Chamber. " Harvard Business Review, November 2013. https://hbr. org/2013/11/beyond – the –

echo – chamber.

［33］ Rizzo， Pete. (2015) "Augur Bets on Bright Future for Blockchain Prediction Markets." CoinDesk， March 1， 2015. http：//www. coindesk. com/augur – future – blockchain – prediction – market/.

［34］ Parker，Luke. (2015) "The Era of Prediction Markets Is At Hand". BraveNewCoin， June 3rd， 2015. http：//bravenewcoin. com/news/the – era – of – prediction – markets – is – at – hand/.

第6章　数字银行的宣言

［1］ A. Lipton (2016)， "Modern monetary circuit theory" IJTAF. This paper provides detail explanation of how money is created and destroyed by the banking system as a whole and by individual banks. It also shows that individual banks become naturally interconnected in the process.

［2］ Bureau of Labor Statistics (2015)， "Occupational Outlook Handbook" http：//www. bls. gov/ooh/office – and – administrative – support/tellers. htm.

［3］ E. Florian (2004)， "The Money Machines The humble ATM revolutionized the way we deal with money and turned global commerce into a 24/7 affair. You can thank a Texan named Don Wetzel and the blizzard of 1978" http：//archive. fortune. com/magazines/fortune/fortune＿archive/2004/07/26/377172/index. htm.

［4］ Chaia I， Goland T， Schiff R (2010) "Counting the World's Unbanked" http：//www. mckinsey. com/industries/financial – services/our – insights/counting – the – worlds – unbanked.

［5］ IFC Advisory Services (2011) "Access To Credit Among Micro， Small， And Medium Enterprises" http：//www. ifc. org/wps/wcm/connect/1f2c968041689903950bb79e78015671/AccessCreditMSME – Brochure – Final. pdf? MOD = AJPERES.

［6］ H. Broeders and S. Khanna （2015）, "Strategic choices for banks in the digital age", McKinsey & Company.

［7］ G. Prisco （2015） "Enigma, MIT Media Lab's Blockchain – based Encrypted Data Marketplace, to Launch Beta" https：//bitcoinmagazine. com/articles/enigma – mit – media – lab – s – blockchain – based – encrypted – data – marketplace – to – launch – beta – 1450810499.

［8］ For example, in Asia the number of potential digital – banking consumers could be as high as 1. 7 billion by 2020, see J. Chen, V. HV, K. Lam （2015）, "How to prepare for Asia's digital – banking boom", McKinsey & Company.

［9］ D. Shrier, J. Larossi, D. Sharma and A. Pentland （2016） "Blockchain & Transactions, Markets and Marketplaces" http：//resources. getsmarter. ac/other/the – mit – report – on – blockchain – part – 2/.

［10］ D. Shrier, G. Canale and A. Pentland （2016） "Mobile Money & Payments：Technology Trends" http：//resources. getsmarter. ac/other/mobile – money – payments – technology – trends – an – mit – white – paper/.

［11］ S. Das （2016） "Japanese Banking Giant Reveals Plans for a Digital Currency" https：//www. cryptocoinsnews. com/japanese – banking – giant – reveals – plans – for – a – digital – currency/.

［12］ It is necessary to provide customers with proper privacy safeguards.

［13］ It is possible that both tech premium and financial discount are temporary in nature.

第7章　政策与金融科技

［1］ Goodenough, O. R. （2015）, "Legal Technology 3. 0," Huffington Post, February 4, 2015, available at http：//www. huffingtonpost. com/

oliver – r – goodenough/legal – technology – 30_b_6603658. html? utm_hp_ref = tw.

[2] For convenience, we refer to distributed cryptographic ledgers generically as "blockchain" or "blockchain technology," even though certain variants, such as R3/Corda, don't use blocks.

[3] Some discussions of "regulation" limit that term to the more narrow class of rules made by governmental agencies such as the Environmental Protection Agency or Securities Exchange Commission. In this book, we use the term in the broader context of governmentally originated rules as described in the text.

[4] Dudley, S. E. and Brito, J. (2012), Regulation: A Primer, https://regulatorystudies. columbian. gwu. edu/sites/regulatorystudies. columbian. gwu. edu/files/downloads/RegulatoryPrimer_DudleyBrito. pdf.

[5] Office of Management and Budget (2003), "Circular A – 4," https://www. whitehouse. gov/omb/circulars_a004_a – 4/.

[6] Leigh Bureau, (2012), "Paul Romer," Speaker Biography, http://web. archive. org/web/20120606014844/http://www. leighbureau. com/speakers/promer/romer. pdf.

[7] Greenberg, A. (2015), "Silk Road Creator Ross Ulbricht Sentenced to Life in Prison," Wired, 29 May 2015, https://www. wired. com/2015/05/silk – road – creator – ross – ulbricht – sentenced – life – prison/.

[8] Magaziner, I. (1999), "Creating a Framework for Global Electronic Commerce," Future Insight, The Progress and Freedom Foundation, 6 (1), July, http://www. pff. org/issues – pubs/futureinsights/fi6. 1globaleconomiccommerce. html.

[9] Drobac, J. A. and Goodenough, O. R. (2015) "Exposing the Myth of Consent," Indiana Health Law Review, http://ssrn. com/abstract = 2559341.

[10] Vermont General Assembly (2016), "An act relating to miscella-neous economic development provisions," Bill as passed by the House and Senate, H. 868, http：//legislature. vermont. gov/assets/Documents/2016/ Docs/BILLS/H - 0868/H - 0868% 20As% 20 Passed% 20by% 20Both% 20House% 20and% 20Senate% 20Official. pdf.

[11] Hamilton A (2016) "Japan Central Bank official：Keep an eye on Bitcoin and blockchain" IBS Intelligence https：//ibsintelligence. com/ibs - journal/ibs - news/japan - central - bank - official - keep - an - eye - on - bitcoin - and - blockchain/.

[12] Gomex, E. (2016) "Barbados Wants To Become The Caribbean FinTech Capital" TheMerkle. com http：//themerkle. com/barbados - wants - to - become - the - caribbean - fintech - capital/.

[13] Meyer, Eugene, Jr. (1922), "Financing Agriculture," Address before the State Bank Division of the American Bankers Association, New York, October 2, 1922, https：//archive. org/download/financingagricu00meye/fi-nancingagricu00meye. pdf.

[14] Broadbent, B. (2016), "Central banks and digital currencies," Speech at the London School of Economics, March 2, 2016, Bank of England, ht-tp：//www. bankofengland. co. uk/publications/Pages/speeches/2016/886. aspx.

[15] Bank for International Settlements (2015), "Digital currencies," November, http：//www. bis. org/cpmi/publ/d137. pdf.

[16] Office of Information and Regulatory Affairs (2016), "Regulatory Impact Analysis：A Primer," https：//www. whitehouse. gov/sites/default/ files/omb/inforeg/regpol/circular - a - 4_regulatory - impact - analysis - a - primer. pdf.

[17] Zittrain, J. (2008), The Future of the Internet and How to Stop It, Yale University Press.

[18] Goodenough, O. (2015), "Generativity：Making Law a More

Open Institutional 'Ecosystem' for Productive Innovation", Vermont Law School Paper No. 4 – 15, http：//papers. ssrn. com/sol3/papers. cfm? abstract_id = 2589263.

[19] Nasdaq (2016) "Building on the Blockchain：Nasdaq's vision of Innovation" http：//business. nasdaq. com/Docs//Blockchain% 20Report% 20March% 202016_tcm5044 – 26461. pdf.

[20] Kaplow, L. (1992), "Rules Versus Standards：An Economic Analysis", Duke Law Journal 42：557 – 629, http：//scholarship. law. duke. edu/dlj/vol42/iss3/2.

[21] Lessig, L. (2005), Codev2, http：//codev2. cc/download + remix/Lessig – Codev2. pdf.

[22] Vigna, P (2014) "5 Things About Mt. Gox's Crisis" Wall St. Journal Blog, http：//blogs. wsj. com/briefly/2014/02/25/5 – things – about – mt – goxs – crisis/.

[23] Delaware Office of the Governor (2016), "Governor Markell Launches Delaware Blockchain Initiative," PR Newswire, http：//www. prnewswire. com/news – releases/governor – markell – launches – delaware – blockchain – initiative – 300260672. html.

[24] Uniform Law Commission (1999), "Uniform Electronic Transactions Act (1999)," National Conference of Commissioners on Uniform State Laws, http：//www. uniformlaws. org/Act. aspx? title = Electronic% 20Transactions% 20Act.

[25] Vermont General Assembly (2010), "Vermont Business Corporations：Incorporation：Bylaws," Vermont Statutes Online, 11 (A) (2) (06), http：//legislature. vermont. gov/statutes/section/11A/002/00002. 06.

[26] Wolinsky, A. (1995), "Competition in Markets for Credence Goods," Journal of Institutional Theoretical Economics 151：117 – 31.

[27] Federal Deposit Insurance Corporation (FDIC) (2005), "Role

of the Transfer Agent," Section 11 in: Trust Examination Manual, https://www. fdic. gov/regulations/examinations/trustmanual/section_11/rta_manual-roleoftransferagent. html.

[28] Popper, N. (2012) "Knight Capital Says Trading Glitch Cost It $440 Million" The New York Times http://dealbook. nytimes. com/2012/08/02/knight – capital – says – trading – mishap – cost – it – 440 – million/? _ r = 0.

[29] Mary – Ann Russon (2016) "The curious tale of Ethereum: How a hacker stole $53m in digital currency and could legally keep it," International Business Times, http://www. ibtimes. co. uk/curious – tale – ethereum – how – hacker – stole – 53m – digital – currency – could – legally – keep – it – 1566524.

[30] Andrew Quentson (2016) "Ethereum Devs Hack the Hacker, Price Skyrockets," Crypto Coins News https://www. cryptocoinsnews. com/ethereum – devs – hack – the – hacker – price – skyrockets/.

[31] "How to clean TRACE Data" (2016) Copenhagen Business School Department of Finance http://sf. cbs. dk/jdnielsen/how_to_clean_trace_data.

[32] Global Legal Entity Identifier Foundation (2016), "Annual Report 2015," https://www. gleif. org/content/1 – about/5 – governance/10 – annual – report/2016 – 05 – 03_gleif_2015_annual_report_final. pdf.

[33] D. Atkins, W. Stallings, P. Zimmerman, PGP Message Exchange Formats, IETF RFC1991, August 1996, Internet Engineering Task Force.

[34] D. L. Chaum, "Untraceable electronic mail, return addresses, and digital pseudonyms," Communications of the ACM, Vol. 24, No. 2, pp. 84 – 88, February 1981.

[35] ABC4Trust, Attribute – based Credentials for Trust, https://abc4trust. eu.

[36] G. Zyskind, O. Nathan and A. Pentland, "Enigma: Decentralized

Computation Platform with Guaranteed Privacy", available at http：//enig-ma. mit. edu/enigma_full. pdf.

[37] FICAM, U. S. Federal Identity, Credential and Access Manage-ment (FICAM) Program, http：//info. idmanagement. gov.

[38] OIX, OpenID Exchange, http：//openidentityexchange. org.

[39] SAFE – BioPharma Association, Trust Framework Provider Serv-ices, http：//www. safe – biopharma. org/SAFE_Trust_Framework. htm.

[40] See, e. g. , Ali, R (2014), "Innovations in payment technologies and the emergence of digital currencies," Bank of England Quarterly Bulletin, ht-tp：//www. bankofengland. co. uk/publications/Documents/quarterlybulletin/ 2014/qb14q3digitalcurrenciesbitcoin1. pdf.

[41] ISDA (2014) "Major Banks Agree to Sign ISDA Resolution Stay Protocol" http：//www2. isda. org/news/major – banks – agree – to – sign – isda – resolution – stay – protocol.

作者简介

大卫·舍瑞尔（**David Shrier**）是麻省理工学院连接科学项目的常务主任，领导麻省理工学院其他新项目的创建和启动工作。他还是 WorldQuant 大学的咨询委员会成员，该大学提供完全免费的、在线、得到公认的分析学硕士学位。大卫最近就商业化创新向欧盟委员会提出建议，重点关注数字技术，并就企业创新向私人和上市公司提供咨询。大卫擅长在成熟的平台上创收，与通用电气/NBC 环球、美国邓白氏公司、荷兰威科集团、迪士尼、安永会计师事务所、AOL Verizon、喜达屋酒店集团以及领先的私募基金和风险投资基金，共同创造了 85 亿美元的收入增长机会。他还创办和/或领导了一些私募基金和风险资本支持的公司，担任其中的首席执行官、首席财务官或首席运营官。大卫为麻省理工学院创办了一个名为"金融科技创新：未来商务"的革命性的在线金融科技创业学习体验课程，该课程已面向 70 个国家展开，并在麻省理工学院授课、举办相关讲习班，如"数据学院"、"鼓舞人心的变革：创业成功的战略故事"、"大数据与社会分析"以及"未来健康"。大卫·舍瑞尔拥有布朗大学生物学和戏剧学士学位。

阿莱克斯·桑迪·彭特兰教授（**Professor Alex "Sandy" Pentland**）在麻省理工学院包括媒体实验室（SA + P）、工程学院和管理学院均担任职务。他还负责麻省理工学院的连接科学计划项目、人类动力学实验室和媒体实验室创业项目，并且是美国谷歌、日本尼桑、西班牙电信、中国腾讯以及各种初创公司的顾问委员会成员。几年来，他与其他人共同领导了世界经济论坛的大数据和个人数据计划。他开创了可穿戴计算和计算社会科学领域的先河，并创建了几个成功的创业公司，创造了一些技术衍生品。桑迪最近被联合国秘书长任命为可持续发展数据革命独立专家咨询小组成员。他的文章"建设伟大团队的新科学"（The New Science of Building Great Teams）荣获《哈佛商业评论》（Harvard Business Review）的 2012 年年度论文。桑迪之前曾帮助创建并指导麻省理工学院的媒体实验室、印度理工学院亚洲媒体实验室的多个实验室，以及 Strong 医院的未来健康中心。在卡塔尔多哈最近举行的世界医疗保健创新峰会上，他领导了一个关于大数据和医疗保健的工作组。2012 年，与谷歌的创始人及其美国总部的首席技术官一道，福布斯杂志将桑迪同时列为世界上"七位最强的数据科学家"之一，并于 2013 年获得了《哈佛商业评论》颁发的麦肯锡奖。彭特兰教授的著作包括《诚实的信号》和《社会物理学》。他于 2014 被任命为美国国家工程院院士。桑迪拥有密歇根大学的通识学士学位（Bachelor in General Studies，BGS）和麻省理工学院的博士学位。

奥利弗·古迪纳夫（Oliver Goodenough）是几个新兴法律领域的权威人士。他率先将技术应用于法律程序，特别是在合同和商业组织领域。他的目标是创建"数字机构"，在那里人们可以过上可靠的经济生活。在佛蒙特州，他一直是立法授权的区块链研究委员会的成员，并且是近期为区块链技术提供法律认可的、开创性的立法的合著者。在国家层面上，他正在与美国财政部的金融研究办公室合作，探索自动化金融工具的可能性。古迪纳夫教授的其他研究领域包括娱乐法和神经科学、行为生物学在法律问题上的应用。目前，他是佛蒙特州法学院（斯坦福法律信息学法典中心的附属学院）法律教授，法律创新中心主任，格鲁特尔法律与行为研究所（Gruter Institute for Law and Behavioral Research）研究员，佛蒙特大学工商管理学院讲师，达特茅斯赛尔工程学院兼职教授。他曾担任哈佛大学伯克曼互联网与社会中心的教职研究员和剑桥大学动物学系的访问研究员。

托马斯·哈乔诺（Thomas Hardjono）是麻省理工学院连接科学与工程项目的首席技术官。他领导与身份、安全、数据隐私等技术相关的项目和计划，并把行业合作伙伴和赞助商吸引到这些前沿领域。托马斯还是麻省理工学院连接科学互联网信任联盟的技术总监，该联盟推广实施基于麻省理工学院的前沿研究所开发的开源软件。该联盟体现了麻省理工学院回馈社区的理念。多年来，他出版了三本书，在期刊和会议上发表了六十多篇技术论文。他拥有 19 项安全和密码学领域的专利。托马斯拥有悉尼大学计算机科学荣誉学士学位，澳大利亚新南威尔士大学计算机科学博士学位。

亚历山大·利普顿（Alexander Lipton）是麻省理工学院的连接科学项目研究员。他最近担任过美洲银行量化解决方案执行部门的董事总经理。在此之前，他是美银美林集团全球量化研究组董事总经理、联席主管。他还曾在多家卖方和买方公司担任高级管理职位。目前，亚历山大是纽约大学的兼职数学教授。此前，他是牛津大学牛津 – 英仕曼金融研究院的计量金融客座教授和顾问委员会成员。再早些时候，他是伦敦帝国理工学院的客座数学教授。在转行进入金融业之前，亚历山大在伊利诺伊大学担任数学正教授，并在洛斯阿拉莫斯国家实验室担任顾问。他是享有盛誉的年度量化奖（Quant of the Year Award）的首个获奖者。

德文·夏尔马（Deven Sharma）是麻省理工学院的连接科学项目研究员，曾担任标准普尔总裁、美国麦格劳 – 希尔教育出版集团公司全球战略与并购的主管，以及博思艾伦汉密尔顿控股公司的合伙人。他还曾担任印度上市公司 Crisil 的董事长和 800 – Flowers 公司的董事会成员。德文是 InfleXon 公司的创始人，InfleXon 是一家专注于公司因信息、技术和地缘政治市场破坏，以及风险和监管治理变化而进行战略转型的咨询公司。他还进行投资，并针对企业增长和初创企业提供技术咨询和可行服务方面的建议。德文持有俄亥俄州立大学运营管理博士学位、威斯康星大学工业工程硕士学位，以及印度博拉理工学院的学士学位。

达瓦·阿德乔达（Dhaval Adjodah）是麻省理工学院媒体实验室人类动力学小组的博士生。他感兴趣的是人类互动、社会经济发展和治理等数学建模的交叉领域。此前，他曾致力于大数据咨询与金融领域，还获得了麻省理工学院的物理学学士学位和政策硕士学位。

杰基·拉罗西（Jackie Larossi）是位于美国旧金山的西班牙对外银行（BBVA）创新办公室新企业组的高级经理。她从麻省理工斯隆管理学院获得 MBA 学位，此前曾在摩根士丹利和凯捷管理顾问公司工作。

日耳曼·卡纳莱·塞哥维亚（German Canale Segovia）是墨西哥一家搜索基金多莫资本（Domo Capital）的联合创始人。他在麻省理工斯隆管理学院获得 MBA 学位，曾是一名成功的企业家（Credex 公司的首席风险官）、大学讲师（墨西哥泛美大学）、私募基金/风险投资专业人员（贝恩；天使投资公司）。

Weige Wu 是麦肯锡公司纽约办事处的合伙人。她在新加坡长大，曾在伦敦为麦肯锡公司工作。她在麻省理工学院斯隆管理学院获得 MBA 学位，方向是金融与可持续发展，并在牛津大学获得哲学、政治学和经济学学士学位。